SV

Hans Blumenberg

Die Verführbarkeit des Philosophen

In Verbindung mit Manfred Sommer
herausgegeben vom
Hans Blumenberg-Archiv

Suhrkamp

Satz: Libro, Kriftel
Druck und Bindung: Druckerei Pustet, Regensburg
Gedruckt auf holzfreies Schleipen-Werkdruckpapier
Gebunden in Irisleinen der Bamberger Kaliko
Printed in Germany
Erste Auflage 2000

Die Deutsche Bibliothek – CIP-Einheitsaufnahme
Ein Titeldatensatz für diese Publikation
ist bei der Deutschen Bibliothek erhältlich

1 2 3 4 5 6 – 05 04 03 02 01 00

Inhaltsverzeichnis

... die Philosophie soll nicht prophezeien,
aber sie soll auch nicht schlafen.

Heidegger,
Grundprobleme der Phänomenologie

Gleichgültig wann?

Kommt es bei einem bedeutenden Werk des ›reinen‹ Denkens, der Mathematik oder der Philosophie etwa, darauf an, wann es veröffentlicht wird und damit wenigstens die Möglichkeit zu seiner Wirkung bekommt? Gleichgültig ist dieses ›Wann‹ keinesfalls, wenn man von vornherein die Frage nach der faktischen Wirkung einbezieht. Sie hängt von Bedingungen ab, die vom Datum der Publikation nicht getrennt werden können. Doch ist auch da Zugänglichkeit – etwa Erscheinen überhaupt und in irgendeinem Organ oder Verlag – nicht identisch mit Wirkungspotential. Denn der Inhalt ist noch nicht die ›Botschaft‹.

Wenn man jedes Werk solchen Ranges seinerseits als ›Wirkung‹ anderer, ihm vorausgehender Werke – manchmal solcher ungleichen Ranges – ansieht, ist doch erst etwas über den Folgerungsgrad in einer ›Reihe‹, nichts aber über die Abstände der Glieder dieser Reihe, nichts also über die Datierung des Ganzen wie des Einzelnen ausgemacht. Es wäre dann durch das faktische Vorliegen eines Werkes, zu welchem Zeitpunkt immer, nur eine – noch nicht die zureichende – Bedingung für das irgendwann folgende ›Erscheinen‹ – zumindest Entstehen – eines oder mehrerer weiterer Werke gegeben. Das gilt sogar dann, wenn ein Werk deskriptiv oder kritisch ganz oder vorwiegend auf ein anderes Werk bezogen, trotz ›Unabhängigkeit‹ seiner Position davon abhängig ist, daß jenes überhaupt ›schon da‹ ist. Die Kontingenz der Daten und Fristen hat mit der ›Folgerichtigkeit‹ des Zueinander und Nacheinander wenig zu tun.

Es gibt ein ›Muster‹ für alle Datenkontingenz von menschheitlichen ›Hauptwerken‹, das man ohne Säkularisierungsverdacht heranziehen darf, um sich von der Gleichgültigkeit des ›Erscheinens‹ – hier im hinterhältigen Doppelsinn der *Epiphanie* – zu überzeugen: der ›Menschensohn‹ und die von ihm Nachricht gebenden kanonischen Texte. Gemessen an dem Anspruch, den das Doppelereignis von Leben und Schrift für sich ausgebildet hat, und auf die biblische Chronologie bezogen, an der die Jahrhunderte gefeilt haben, handelt es sich um einen Fall von ebenso unverzeihlicher wie unvermeidlicher Verspätung. Durfte der johanneische Logos viertausend Jahre nach Sündenfall und Paradiesesaustreibung verstreichen lassen, ehe er sich im Fleische erblicken und die zur Wiedererlangung des Heils notwendigen Worte vernehmen sowie Erleidungen geschehen ließ? Im kleineren Metrum ließ er nach der Stallgeburt zu Bethlehem nochmals dreißig Jahre hingehen, ehe er mit Worten und Taten begann, was doch um der Menschen willen gar nicht früh genug begonnen und beendigt werden konnte. Es war eilig, denn mit der Welt stand es auf der Kippe, mit dem Widersacher auf Biegen und Brechen.

Mit diesem Einwand der Verspätung des göttlichen Eingreifens in die unselige Geschichte der Menschheit hatten sich nach dem Erkalten der ersten hochgespannten Heilserwartungen die Apologeten des Christentums herumzuschlagen. Sie waren erkennbar überfordert. Auf das »Warum so spät?« hätte es im Sinne des *principium rationis insufficientis* für Raum und Zeit nur die eine alles erledigende Antwort gegeben: »Gleichgültig, wann!« Diese Anwort aber wäre theologisch unzulässig gewesen. Dennoch läuft der dogmatische Kunstgriff, mit dem das Problem zwar nicht gelöst, wohl aber entschärft wurde, auf die unausgesprochene Indifferenz jedes Zeitdatums gegenüber allen anderen hinaus: der Artikel vom ›Abstieg zur Hölle‹, ungenau übersetzt von *descensus ad inferos*. Der Hadesabstieg des Gottesknechtes zwischen Kreuzestod und Auferstehung füllt nicht nur die trostlose Karenzzeit aus, sondern zieht die sonst vom Heilswerk der Passion Übergangenen, weil ›zu früh Geborenen‹, in den Triumph der Todesüberwindung.

Der Herr der Unterwelt, der die Gerechten der Vorzeit des Heils gefangenhält, ist nicht einfach nur der allzu bekannte ›Teufel‹ im Sinne des Verführers, es ist auch ›der Tod‹ als der Dämon, der sich durch den Paradiesesverlust Eingang in die Welt verschafft hatte und unter dessen Herrschaft ›das Böse‹ nur noch die Konsequenz der Tödlichkeit des Lebens geworden war. Daß die Herrschaft dieses Verwirrers und Verzögerers durch *einen* Handstreich des Todesüberwinders gebrochen wird, ist das im genauen Sinne ›Zeitlose‹ an dieser Heilsepisode, die die Vorherigen den Gegenwärtigen gleichstellt. Von den Kommenden kann nicht die Rede sein, denn in der Grundkonzeption gibt es nur ›das Kommende‹, nicht ›die Kommenden‹, wenn die Generation der Lebenden die letzte ist. So schafft der Einschub des *Descensus* das ›Gleichgültig, wann‹, ohne das die Kontingenz des Heilsanbruchs unerträglich wäre.

Daß die theologische Dignität dieses ›Falles‹ von anderen Ereignissen der Geschichte nicht erreicht werden mag, nimmt ihr nichts von der Beispielhaftigkeit für das Problem der Zeitkontingenz. Die Armseligkeiten des autonomen Denkens in Gestalt der Philosophie und der aus ihr entlassenen Theorien mögen der großen ›Ereignisse‹ noch bedürftig sein, woher immer sie kommen – ob aus Erlangen oder aus Frankfurt, aus Zürich oder Gießen. Was hier ›Ereignis‹ genannt zu werden verdiente, hätte allemal gerade diese ›Auszeichnung‹, gleichgültig gegen das Wann seines Erscheinens zu sein.

Wir wissen genau, wann Sokrates im Kerker den staatlich ihm verordneten Schierlingsbecher trank. Aber was der Tod des Sokrates in der ihm von Plato gegebenen Ausgestaltung durch die Geschichte des menschlichen Denkens hindurch ›bedeutet‹ hat, macht die Datierung so gleichgültig, wie es die Unkenntnis des Datums der Anschmiedung des Prometheus an den Kaukasus ist. Wendet man ein, jener habe wirklich gelebt, dieser sei eine mythische Erfindung, so macht der Schritt nicht mehr viel aus zu sagen, auch Sokrates dürfte eine bloße Erfindung des Plato sein. Hätte nur der des Xenophon überlebt, wäre sein Name womöglich nicht einmal in den Beispielen der Logiker gefallen. Er selbst hat sein Nachleben in die Hände des glücklichen Zufalls eines philosophischen Dichters gelegt, indem er keine Zeile schrieb und nicht einmal für authentische *Logia* sorgte. Für den platonischen Sokrates gilt in einzigartiger Weise das ›Gleichgültig, wann‹.

Ich will mich nicht vor dem *experimentum crucis* für die These der Zeitindifferenz drücken. Gilt sie auch für die »Kritik der reinen Vernunft«? Meine Antwort: Nicht nur auch, sondern exzeptionell.

Es bedeutet nichts, daß Kants Werk 1781 erschienen ist. Zum einen, was seine nächsten Wirkungen angeht, weil es nur wenige so verständige und sorgfältige Leser gefunden hat wie den Berliner Arzt Markus Herz oder den Hallenser Jakob Sigismund Beck. Viele der oft genannten ›großen Wirkungen‹ kann man allenfalls unter der Rubrik ›fruchtbare Mißverständnisse‹ befassen, von denen sich behaupten läßt, sie wären in jedem Fall an jederlei anderem Werk zustande gekommen. Was die rühmende Formel angeht, die erste »Kritik« sei das Hauptwerk der deutschen Aufklärung gewesen, so besagt sie schon deshalb wenig, weil diese Aufklärung damit auch schon zuende war – was für ›Aufklärungen‹ nicht der Effekt eines Hauptwerks sein sollte. Da Kant immerhin noch zwei Jahrzehnte der ›Rezeption‹ erfahren und in diese durch die Neuauflage regelnd eingegriffen hat, kann man an seiner Ratlosigkeit beobachten, daß jedenfalls er selbst die Gunst der Stunde wahrgenommen zu haben nicht glaubte.

Wendet man sich von der skandalösen Flüchtigkeit der ›bedeutenden Leser‹ nach der anderen Zeitseite hin der ›Vorzeit‹ der Vernunftkritik zu, scheint die Datentoleranz das volle Jahrhundert bis zu Newtons »Principia« von 1687 zu umfassen. Ohne Newtons Physik und zumal ohne deren Vorannahmen des absoluten Raumes und der absoluten Zeit ist der erste Schritt zur transzendentalen Idealisierung der Formen des äußeren und des inneren Sinnes nicht denkbar. Diese Einsicht aber fand sich schon beim späten Leibniz in der Kontroverse mit dem Newtonianer Samuel Clarke, auf die Kant durch den Brief Lamberts vom 13. Oktober 1770 mit aller Konsequenz hingewiesen worden war: *Ich laße es ganz wohl geschehen, wenn man Zeit und Raum als bloße Bilder und Erscheinungen ansieht.* Schließlich sei *beständiger Schein für uns Wahrheit.*

Das ist auch schon Humes skeptische Auffassung des Kausalitätsprinzips und zugleich der psychischen Identität. Leibniz' Einwand gegen die absolute Raumzeitlichkeit war, daß auf sie Vernunftbegriffe nicht angewendet werden könnten; und die Entfaltung dieses Einwandes ist, daß Widersprüchliches über sie behauptet und bewiesen werden kann: die Antinomien der Vernunftdialektik *in nuce*. Seit Newton war der astronomische Wirklichkeitsbegriff generalisierbar für die Welt und für die Seele. Lambert, im genannten Brief an Kant, sagt das so: *In der Metaphysic, wo die Schwürigkeit vom Schein so viel Wesens macht, wird die methode des Astronommen wohl die sicherste seyn.* Und genau das ist es, was in Kants ›Erweiterung‹ der Dialektik auf die Psychologie und daraus folgend als ›Anwendung‹ des Begriffs der Erscheinung auf die innere Erfahrung steckt.

Das Erscheinungsdatum von Kants erster »Kritik« hat mit der ihr zugeschriebenen Bedeutung, der deutschen Aufklärung oder gar der europäischen Aufklärung insgesamt die Krone aufzusetzen, nichts zu tun. Die These des ›Gleichgültig, wann‹ bezieht sich auf geschichtliche Funktionszuweisungen an singuläre Werke des menschlichen Denkens. Kam die »Kritik« für die Aufklärung etwa zu spät? Oder zu früh für deren nächsten Ausschlag gegen Romantik und Hegelei, aus dem unter Schopenhauers ungewollter Mitwirkung der Neukantianismus hervorgehen sollte, der eine vermeintlich vollendete Naturwissenschaft gerade in dem Augenblick auf die *Bedingungen ihrer Möglichkeit* hin befragte, wo sie aus dieser ›Vollendung‹ neue Probleme und Theoreme herauszog?

Es gab alle Hände voll zu tun, Kant aus der Verwicklung in seine vorgebliche Renaissance zu befreien – und diese Befreiung kam, bezogen auf die Partialisierung der Newtonschen Physik, mindestens um ein Vierteljahrhundert zu spät. Sie wäre jederzeit gegen die Indienstnahme Kants für die Möglichkeitsfrage der exakten Wissenschaft durch Liebmanns »Kant und die Epigonen« (1874), ja schon durch Helmholtz' Rede zum Jahrhunderttag der »Theorie des Himmels« (1855) möglich gewesen. Aber nicht ›alle Hände‹ waren nötig, sondern ein einziger Zeitschriftenaufsatz von 35 Seiten genügte, um den Fahrlässigkeiten der Neukantianer den fälligen Garaus zu machen: 1924 erschien im zweiten Jahrgang von Erich Rothackers »Deutscher Vierteljahresschrift für Literaturwissenschaft und Geistesgeschichte« der wortkarge Beitrag von Julius Ebbinghaus »Kantinterpretation und Kantkritik«. Plötzlich konnte jedermann einsehen, Kant nicht ordentlich gelesen zu haben, vornean die restlichen Neukantianer. Es begann ein gründliches Nachlesen im Wortsinne und mit erstaunlichen Vertiefungen des Kantverständnisses. Dabei mußte der Verfasser jenes Aufsatzes vierzig Jahre später zugeben, er habe damals selbst noch an einigen Vereinfachungen gelitten und seither dazugelernt. Der Lakoniker absolvierte das 1966, indem er 14 Seiten von 35 einer Revision unterzog.

Der am gewissenhaften Kantstudium Interessierte lernt aus dem Vergleich beider Fassungen mehr als aus einer Monographiensammlung – aber zugleich, zu bezweifeln, ob die ›epochenwendende‹ Wirkung des Handstreiches von 1924 ohne jene Vereinfachungen vergleichbar eingetreten wäre. Die Retraktationen des Scharfsinns verschärfen nur, was durch mindere Penibilität schon erreicht worden war. Dennoch: zwischen 1924 und 1966 hätte jederzeit emendiert werden können, was schon damals ein halbes Jahrhundert überfällig gewesen war. Dies jedenfalls war in keinem nachvollziehbaren Sinn ein Produkt des ersten deutschen Nachinflationsjahres gewesen, wie man es sich im Wunsch nach überbaulicher Sinnfälligkeit wünschen möchte: als Rückschnitt eines philosophischen Geldwertüberhangs. Der etwas anderes ermöglicht hatte: 1923 wurde Kants »Opus postumum« vom Verlag der Akademieausgabe aus Hamburger Privatbesitz angekauft. Das war etwas, was nicht jederzeit hätte geschehen können, dessen Folgen bis zur Stunde noch nicht ausgestanden sind. Von der Edition des »Opus postumum«, die 1936/38 erschien, läßt sich wiederum das ›Gleichgültig, wann‹ behaupten. Sie ist ein erratischer Findling im Katarakt dieser Jahre. Erst einen Weltkrieg später machten sich die Sisyphusse ans Wälzen.

Das Ende des Neukantianismus durch den Todesstoß von Ebbinghaus fällt in das Jahr des Todes von Paul Natorp, des letzten urbürtigen – wenn auch nicht bis zum Tode standfesten – Vertreters der »Marburger Schule«. Daß dies zugleich das zweihundertste Geburtsjahr Kants gewesen ist, muß dagegen als äußerlich gelten: nur als Anlaß, daß überall zu Kant etwas gesagt oder gedruckt werden *konnte*. Eher signifikant war, daß Husserl bei Gelegenheit der ihm obliegenden Jubiläumsrede die erfolgreichste seiner Neuprägungen notierte – ohne sie öffentlich anzubringen: die ›Lebenswelt‹. Auch sie ist ein Stück Abwendung vom Neukantianismus, von der

Affinität zu Natorp. Dieser Titel sollte reklamieren, daß nicht vom ›Faktum Wissenschaft‹, sondern von dem der *natürlichen Weltansicht* auszugehen war, um das Aufkommen der theoretischen Einstellung zu verstehen. Und darin steckte das Überdauern des »Positivismus« – als der großen ›Umgehung‹ Kants nach Wiener Art – über das schulhaft gewordene Mißverständnis des Neukantianismus.

Dies alles, bevor Heidegger in die Saiten griff und die Szenerie durch nochmalige ›Tieferlegung‹ des Standniveaus veränderte. Er hat das mit einem Buch 1929 besiegelt: »Kant und das Problem der Metaphysik«, wie es unter dem Wissenschaftsprimat des Neukantianismus nicht möglich gewesen wäre – aber auch als Buch über Kant nicht notwendig zu tun war. Geblieben war etwas Äußerliches: der professionelle Legitimationswert, über Kant – nichts Geringeres – geschrieben zu haben. Was Heidegger belegte, war schließlich *der Zeitcharakter des Selbst*, die These aus »Sein und Zeit« von der ekstatischen Zeitlichkeit des Daseins als Sorge.

1797 – Kant lebte noch – hatte Lichtenberg ins Notizbuch geschrieben: *Es wäre möglich, daß manche Lehren der Kantischen Philosophie von Niemand gantz verstanden würden, und jeder glaubte, der andere verstünde sie besser als er, und sich daher mit einer undeutlichen Einsicht begnügte oder gar mitunter glaubte es sey seine eigene Unfähigkeit, die ihn verhinderte so deutlich zu sehn, als andere*. Zwar verfehlt der zweite Teil des Notats ganz und gar die Sachlage in der Zunft: Keiner glaubt je, der andere habe besser verstanden. Aber der Ansatz, daß niemand womöglich jemals in allem Kant verstehen könnte, ist von schöner Hellsicht für die Kontingenzverhältnisse in der Rezeption des großen Werks. Ob und wann es verstanden wird, ist genauso kontingent wie, wann und daß überhaupt es entsteht und erscheint.

Wenn auch nur etwas daran ist, daß der äußere Anlaß der

Zweijahrhunderte nach Kants Geburt das erste präzise Verständnis des Grundgedankens seines Hauptwerks – oder auch nur die Feststellung der Unzulänglichkeit aller bisherigen Sprüche darüber – zutage förderte, dann wird implizite auch festgestellt, wie vergeblich es war, daß dieses Werk schon anderthalb Jahrhunderte auf den Tischen und in den Händen gelegen hatte. Weshalb so unnötig früh? Weshalb so skandalös lange?

Gefälligkeiten

Über einen riskanten Aspekt des Umgangs mit Theorien

Der Wissenschaft mag die überragende geschichtliche Bedeutung zu Kopf gestiegen sein, die ihr in der Neuzeit, bei der Überwindung des Mittelalters und der Errichtung der Aufklärung, schließlich bei der Überwindung des spekulativen Idealismus, zugewachsen war. Ihre Autonomie, institutionell in Universitäten und Akademien realisiert, gesteigert und verteidigt, gründete sie auf die Pathosformel ihrer Promotionseide, nichts anderem als der Wahrheit verpflichtet zu sein und dienstbar zu bleiben. *Nichts anderem als der Wahrheit* – das hieß auch: weder irgendeiner dies oder jenes begehrenden Öffentlichkeit gefällig zu sein oder für Gesellschaft und Staat andere Probleme zu lösen als die, deren Lösung sich aus den unabhängig davon entstandenen Resultaten entnehmen ließ.

Die mögliche Arroganz derer, denen Unabhängigkeit der Ausübung ihres theoretischen Amtes durch Unkündbarkeit, Unversetzbarkeit, Befreiung von zwangsweiser Ruheständigkeit garantiert war, nahm man hin als das kleinere Übel im Vergleich zu einer reglementierbaren und dann auch korrumpierbaren Wissenschaft, die im säkularen Staat nichts anderes sein konnte als nicht mehr aufsichtsfähige letzte Instanz. Wer sollte auch das Amt des Zensors über sie ausüben, das immer wieder nur kraft wissenschaftlicher Kompetenz hätte vollzogen werden können, also einen unbestimmten Regreß einschloß?

Mit dieser Einschätzung, Zubilligung und sogar Selbstauffassung ist es immer schlechter bestellt. Vordergründiges Argument zur Aushöhlung der etwa anderthalb Jahrhunderte bestehenden und zuletzt nach der Zerstörung eines totalitären Systems fast übersteigerten Position war alles, was unter dem Schlagwort der ›gesellschaftlichen Relevanz‹ kritisch ›hinterfragt‹ werden konnte. Einmal die fast schlagartig erkennbar gewordenen Risiken der aus wissenschaftlicher Kenntnis abgeleiteten technischen Anwendungen und praktischen Verfahrensweisen; dann mit intensiverer untergründiger Wirkung wegen der sprunghaft ansteigenden Belastung der öffentlichen Haushalte die Aufwendigkeit wissenschaftlicher Forschung und die damit zusammenhängenden Unvermeidlichkeiten, werbend und fordernd für Projekte einzutreten, deren Gesamtheit von vornherein nicht annähernd zu finanzieren war.

Diese Art verwaltender und selbstverwaltender Selektivität hat nicht nur ökonomisch eine neue Situation für wissenschaftliche Projekte und für die Wirkungsmöglichkeit wissenschaftlicher Persönlichkeiten geschaffen, vielmehr noch deren akquisitorische Verhaltensweisen in bis dahin ungekannten Typiken bestimmt und geprägt. Bis hin zum niemals dort vermuteten perfekten Manager, der die Mittel schon eingeworben hatte, noch bevor das theoretische Forschungskonzept schlüssig entwickelt worden war, das schon den Beifall entschließender Gremien und rotierender Bürokratien gefunden haben mußte. Dies ist nicht nur eine negative Feststellung. Solche Manager verstehen sich zugunsten späterer Einwerbungen noch größerer Mittel erstaunlich gut darauf, zu den Mitteln dann auch die Zwecke sowie die Exekutoren dieser Zwecke ausfindig zu machen und zu fördern.

Dies alles trägt zwar die Züge des Niedergangs fragloser Geltung, doch nicht die nahender oder schon gegenwärtiger Korruption. Diese setzt erst dort ein, wo die Symptome der kaum noch anders zu nennenden ›Gefälligkeitsforschung‹ auftreten. Man wird von durchgebildeten Theoretikern nichts anderes erwarten, als daß sie so etwas mit Raffinement, wenn auch nicht immer mit Dezenz betreiben.

Die allgemeinste Formel für das, was ich ›Gefälligkeit‹ nenne, ist, den Leuten zu sagen, was sie hören wollen, ohne daß sie immer selbst gemerkt haben müssen, daß sie es und was sie hören wollten. Wir brauchen Trost für unsere Weltlage, und es ist nicht im geringsten selbstverständlich, daß gerade die Wissenschaft sich daran beteiligt, uns Tröstungen zu verschaffen. Sie hat alles zur Grundform der Trostlosigkeit beigetragen, den Menschen seiner umsorgten Sonderstellung im Universum nach allen Regeln der Kunst zu berauben, um ihm schließlich ins Gesicht zu sagen, es sei zwischen Kopernikus, Darwin und Freud ihre erhabene Aufgabe gewesen, keine Rücksicht auf ihn zu nehmen und sein Selbstgefühl aufs Nachhaltigste zu kränken.
Nun hat es derselbe Mensch fertiggebracht, die Randlage der Bedeutungslosigkeit seines Planeten zum Ausgangspunkt von Botschaften ins Universum zu machen, deren Voraussetzung wäre, daß die Adressaten dieser Botschaften ihm im wesentlichen glichen, er also der Prototyp einer kosmisch ausgebreiteten Gattung wäre, die nicht nur darauf wartet, von ihm zu hören, sondern schon seit Jahrmillionen dabei ist, nach ihm wiederum durch Signale zu fahnden, für deren Entgegennahme nur entsprechende Horchposten aufwendig genug ausgerüstet werden müssen. Ein guter Teil der radioastronomischen Forschung versteckt sich hinter der Erweckung immer neuer Erwartungen auf Bestätigung, wir seien nicht allein in der Welt, nicht verlassen mit unserer noch unausgereiften Vernunft, keine abseitigen Produkte einer Deviation von extremer Unwahrscheinlichkeit und damit extrem wahrscheinlicher Unwiederholbarkeit.
Die Einzigkeit des Menschen in der Welt reizt in demselben Maße nicht mehr, wie dieser Mensch sich angesichts der Resultate seiner Geschichte der Besonderheit seiner Ausstattung und Bestimmung nicht mehr sicher ist. So ist er des Trostes bedürftig geworden. Den kann nicht nur in dieser,

sondern in mannigfaltiger Weise die astronomische und kosmologische Forschung ihm gewähren.
Gefälligkeiten erweisen aber Wissenschaftler auch sich selbst – wie sollte es wohl anders sein, wenn sie es können? Der Grund für dieses Bedürfnis liegt nicht vorwiegend bei den Eitelkeiten des Gewerbes, die es gewiß seit den frühesten Regungen der theoretischen Neugierde gegeben hat, wie auf allen anderen Gebieten möglicher Auszeichnung auch. Was sich in den Vordergrund drängt, ist der Forscher, der die Nachricht des Tages zustande bringt und damit für sich diejenige Auffälligkeit, die zu erzeugen die Beachtung berufender Gremien verschafft und für die nächsten zu konstituierenden Gutachterausschüsse, für die Befragung durch die öffentlichen Orakel, für den Platz auf den obligat gewordenen Wissenschaftsseiten überregionaler Zeitungen, für die nächste und übernächste Diskussion in Rundfunk und Fernsehen Gewähr bietet. Es gibt weniger das Bedürfnis der Wissenschaft nach ihrer täglichen Präsenz in der Nachricht als die bittere Nötigung zur Aktualität, das Bedürfnis allzu vieler nach dem knappen Raum der täglichen Nachricht, die aus einer schon zur Masse gewordenen akademischen Anonymität heraushebt – und dazu ist fast unvermeidlich nahezu jedes Mittel recht.
Gefälligkeit besteht sogar im Erschaudern vor der Sensation kapitaler Gefahren: von nahenden Kometen bis zu neuen unterirdischen Giftströmen, angesagten Erdbeben bis zu ungeahnten Mutationen von Mikroben. Dies alles und noch viel mehr fällt unter den Titel der negativen Gefälligkeit. Sie wird von der Forschung noch nicht sehr lange am Fließband produziert und nicht nur von der Presse honoriert. Politiker bekommen Anlässe, sich als Retter oder wenigstens als Warner hervorzutun. Dafür zeigen sie sich solcher Art von kassandrischer Forschung nicht unerkenntlich. Schon florieren Institute, die aus freier Hand und schöner Phantasie

sich gegründet haben, mittels der Forschungsaufträge, die ihnen von potentiellen Rettern und Warnern zufließen.
Es mag in alten Zeiten einfacher gewesen sein, zum Retter des Vaterlandes zu avancieren – im Typus der Sache hat sich nichts verändert. Es sei denn, das Zusammenspiel zwischen den Bedürfnissen, die Gefahren zu finden oder erfinden, und den anderen, aus ihnen zu retten oder vor ihnen zu bewahren. Es ist zweckmäßig, wenn das nicht alles aus einer Hand kommt, aber auch nicht immer erkennbar, wenn es das um einige Ecken herum doch tut. Da sind die tüchtigen Hinterfrager gelegentlich nicht auf ihren Posten. Die Nutzung des unablässigen Stroms unfertiger, gewagter, phantasierter ›Resultate‹ der Forschung wird mehr und mehr von denen begutachtet und gewertet, gefördert und organisiert, die sich zu dieser Funktion auf dem Wege befördert haben, den andere gehen oder nicht gehen zu lassen sie nun ›selbstverwalten‹.
Nun könnte man sagen, im Gegensatz zu all diesen angeführten Symptomen sei Philosophie der Inbegriff gerade derjenigen Einstellungen und Aussagen, die alle Arten von gefälliger Rücksicht ausschließen. Daß es keine Gefälligkeitsphilosophie gibt oder geben dürfte, wäre dann mehr als eine faktische Feststellung: wäre ein Teil der Prüfung des Sachverhalts, ob im gegebenen Fall Philosophie überhaupt vorliegt. Es versteht sich, daß damit eine Idealisierung angeboten wird, die beinahe den Verdacht nur vergrößert, die Philosophie möchte ihre gegenüber anderen Wissenschaften noch raffinierteren Mittel haben, sich gefällig zu machen. Immer wieder hat es Anzeichen dafür gegeben, daß sie ihre eigene Art von etwas hat, was man den ›höheren Opportunismus‹ nennen müßte – so wie sie ihre eigene Art dessen hat, was schlichtweg als ›höherer Unsinn‹ bezeichnet werden muß.
Andererseits: die Philosophie kann Versprechungen ma-

chen, die sie nicht heute oder morgen, die sie niemals zu halten braucht, und die allein das süße Gift der Hoffnung nährt, für deren Bestand die ungewichtigsten Argumente genügen (nach einem Wort von Hobbes). Sie verspricht Unsterblichkeiten, irdische Paradiese, einen ehernen Fortgang der Geschichte, als dessen Betreiber und Günstling immer der sich fühlen darf, der angesprochen wird. So war es schon bei der Rechtfertigung durch den Glauben: Wer glaubt, ist gerechtfertigt, und dies wiederum läßt nur der gelten, der glaubt, so daß das Gegenteil dieser Begünstigung als Nachteil nicht empfunden, weil doch nicht geglaubt wird.

Von dieser Art sind Philosopheme über die Geschichte. Aber auch schon solche über den Weisen. Von dessen Vorteilen über alle Welt konnte jeder glauben, er besäße sie schon, weil keiner von sich genau wissen kann, er sei nicht weise, wozu kaum jemand weise genug wäre. Auch als Kritik solcher Versprechungen steht die Philosophie im Verdacht, anderen nur nehmen zu wollen, damit keiner etwas habe. Worin der vermeintliche Vorteil der Gleichheit liegen soll.

Auch als Lieferant unaufhellbarer Dunkelheiten und verqueren Tiefsinns bedient die Philosophie einen Sektor von Bedürfnissen, der durch die Kargheit aufklärender Vernunft eher größer als kleiner, vielleicht im Effekt nicht einmal harmloser geworden ist. Für ein Wesen, das immer weniger zu wissen als zu fragen gelernt hat, ist die Dunkelheit von Sprüchen mit dem Trostgewinn verbunden, es könne sich im Dunkel noch verbergen, was sonst mit der Endgültigkeit des Bescheids abgewiesen werden mußte, da eben lägen die Grenzen, die die Kritik der Vernunft endgültig gezogen habe.

Es ist eine unerwartete Folge der klassischen Vernunftkritik gewesen, daß sie im Abstand von nicht einmal zwei Jahrzehnten eine ganze Epoche dunkelsten Tiefsinns möglich machte, die sich an einigen Restproblemen jener Ernüchterung der Transgressionen der Vernunft durch die Vernunft einhakte. Man hat sich noch lange nicht genug darüber gewundert, was nicht nur *nach* Kant möglich geblieben ist, sondern *durch* ihn erst möglich gemacht wurde.

Gelegentlich sieht es so aus, als entziehe sich die Vernunft der einen Finsternis nur, um sich vehementer in die andere zu stürzen. Der lateinisch schreibende Grieche Phaedrus, der als erster die niedere Gattung der Fabel mit der höheren Poesie versöhnt und zur bleibenden ästhetischen Aufgabe gemacht hatte, schreibt ein höchst aufgeklärtes Spottgedicht auf den Orakelglauben der Griechen, auf den delphischen Apollo und sein Medium Pythia. Nachdem der Seherin Haar sich gesträubt und der Dreifuß gewankt, es aus der Tiefe des Erdspalts grollend getönt hat, läßt die Gottheit durch ihr Organ eine Serie von Sprüchen ausstoßen, die nur als aufgedonnerte Allerweltsweisheiten genommen werden konnten. Was die Trivialität zum Spott macht, ist in den letzten beiden Versen des Gedichts enthalten, genaugenommen schon in der vorletzten Zeile, die den erschöpften Zusammenbruch der Seherin nach ihrer ekstatischen Raserei anzeigt: *haec elocuta concidit virgo furens*, so das dem Humor wesentliche Mißverhältnis der beiden Größen von Aufwand und Ertrag zur Karikatur steigernd, daß es der Versicherung der Vergeblichkeit zum Spott nicht mehr bedarf, mit der das Gedicht schließt: *furens profecto, nam quae dixit perdidit.*

Die Verhöhnung des Orakels als einer obsolet gewordenen Institution würde man als Einstreichen des üblichen Überlegenheitsgewinns charakterisieren, den diejenigen leicht haben können, die den Konsens einer Glaubenswelt hinter sich gebracht zu haben meinen. Aber die Parodie auf ein Stückchen aus der »Aeneis« des Vergil ist in der ersten Hälfte des ersten nachchristlichen Jahrhunderts geschrieben, und man ist unverkennbar gerade dabei, sich nach neuen Dunkelheiten und Geheimnissen umzusehen, denen man nicht weniger sich zu unterwerfen bereit ist als den Sprüchen der delphischen Pythia. Wie diese trotz ihrer Raserei der gezügelten kultischen Institution integriert war, wird es alsbald wieder den Bedarf an einer Institution geben, die die Bereitschaft zur Hinnahme von Eröffnungen höherer und zwingender Art in ihr exegetisch-dogmatisches Monopol nimmt. So haben jederzeit Institutionen zu versuchen, dieses Bedürfnis nach Einblick in Hintergründe zu befriedigen, damit jedenfalls andere es nicht beliebig ausbeuten können.

Fehlen Institutionen vom Typus des griechischen Orakels oder werden sie schwach, blüht eine Industrie der Gefälligkeiten von minderer und minderster Qualität auf. Dann müssen sogar die Aufklärer bekennen, daß die von ihnen bekämpften Mysterien das geringere Übel gewesen waren, nachdem man sie mit dem Wildwuchs divinatorischer Versorgung vergleichen konnte, der darauf folgte.

Es wäre ja nicht das Schlimmste, wenn den Aufklärungen nur die ›Romantiken‹ folgten; was ihnen jedoch wirklich folgt, ist die Strauchritterei der Scharlatane. Sie sind schlimmer als die von Fontenelle für betrügerisch erklärten Priester der Orakel; sie haben nichts zu verlieren und alles in einem einzigen Leben zu gewinnen. Der Unterschied zwischen Institution und Individualität macht sich dabei im ungünstigsten Sinne bemerkbar, weil die Bedienung der menschlichen Illusionsbereitschaft sich vom Interesse an langzeitiger Stabilität gelöst hat, die ohne einige Kontrollierbarkeit ihrer Ergebnisse und Folgen wie beim Orakel nicht zu haben ist.

Dies ist etwas, was sowohl das Verhältnis religiöser Institutionen zu ihren Mystikern und Häretikern, ihren Propheten und ihren Sekten bestimmt wie das philosophischer Schulen zu den genialen oder genialischen Einzelerscheinungen, die nur den Schein solcher Schulen durch unausbleibliche Simulation ihrer Ausdrucksmittel erzeugen. Alte Religionen haben gerade darin den Vorteil vor jungen ›Bewegungen‹, daß sie durch Selektion gegenüber ihren vormaligen Sonderlingen und Dissidenten einige Klugheit in der Verwaltung ihres dubiosen Kapitals bewahrt und angesammelt haben. Deren Leistung kann man nur auf den formalen Ausdruck bringen, daß nicht mehr alles jederzeit möglich ist.

Im Grunde beruht darauf der Spott des Phaedrus über die Pythia, die er auf eine hochstilisierte Weise sagen läßt, was jeder jederzeit sagen könnte und was daher die Weisheit von Kalendersprüchen ausmacht, in denen keiner finden will, was er nicht ohnehin akzeptiert hätte. Auch philosophische Schulen produzieren, sobald sie ihre originäre Phase hinter sich haben und überhaupt zum Schulstatus gelangt sind, mit dem Geklapper ihrer methodischen und kritischen Maschinerie nichts mehr als die dunkel verhüllten Selbstverständlichkeiten, mit denen ohnehin die Geschichte der Philosophie begonnen hatte, als Parmenides dichtete, daß nur das Seiende ist, das Nichtseiende aber nicht. Er hatte das zum Ausspruch seiner Göttin erhoben. Es muß kein Gott sein, der auf verwickelte Weise sagen läßt: Jedem das Seine, aber allen nach Bedarf. Man darf sich fragen, in welchem dieser sieben Wörter die Dunkelheit des Satzes allein noch sitzt, aus dem sie ins Breiteste entfaltet werden würde.

Mit der Vermeidung von Gefälligkeiten ist das Individuum überfordert. Dazu bedarf es der Rückendeckung einer Institution, deren offizielles Pathos es sein kann, sich den Ansprüchen auf Dienlichkeit rücksichtslos zu widersetzen; am ehesten mit der Berufung auf den absoluten Vorrang der Wahrheit oder zumindest des unablässigen Strebens nach ihr. Wird einer solchen Institution das Rückgrat gebrochen – etwa mit dem Instrument der Ideologiekritik –, blüht die theoretische Liebedienerei der nur noch auf sich selbst gestellten Bewerber um die Gunst undefinierter Instanzen auf: um die einer gern stimulierten Öffentlichkeit des täglichen Nachrichtenmarktes bis hin zu den geheimen Abstimmungen, in denen Ämter und Haushaltsmittel, Stipendien und Publikationsraum, Forschungsaufträge und Gutachten vergeben werden. Da kann Forschung dem alten Spektakel nahekommen, dessen Stelle ›umbesetzen‹.

Die Philosophie ist konstitutiv gefährdet durch das Abgleiten in eine dubiose Art von Lebensdienlichkeit. Diese Gefährdung beruht darauf, daß sie sich ihrer ursprünglichen wie ihrer restlichen thematischen Aufgabe nach im Spielraum derjenigen Zustimmungen und Bestätigungen, Akzeptationen und Plausibilitäten bewegt, die sich auf die eine Formel bringen lassen: *Das kann ich auch*. Diese Zuerkennung bewegt sich immer zwischen Enttäuschung und Aufatmen. Enttäuschend kann die Zustimmung zumal für den sein, der sie angeworben hat, wenn dieses Auch-Können mit dem Zusatz verbunden ist, es sei immer und gerade dann der Fall, wenn man nichts Anderes und Besseres zu tun habe.

Wie soll man den fakultätsinternen Ausspruch eines bekannten Astrophysikers bewerten, Philosophie sei das, was er nach seiner pflichtmäßigen Tagesarbeit abends in der Gemütlichkeit vor dem Kamin betreibe? Dies gesagt, um zu begründen, daß er den Ernst der Tagesgeschäfte, und zumal der Verteilung von Forschungsmitteln, mit den Philosophen keinesfalls teilen wolle. So etwas zu gegebener Stunde auch zu können, erscheint wie die Antwort auf eine Gefälligkeit, die die Philosophie erwiesen hätte, indem sie allen das Kompliment anzudienen sucht, jeder sei für sie geschaffen.

Darin kann liegen und läßt sich leicht entnehmen, jeder sei auch ihr virtueller Konsument. Dieser Eindruck ist bedenklich, aber vielleicht unvermeidlich. Denn es muß dieses werbende Kompliment nicht sein, wenn die Philosophie eben tut, was sie zu tun hat, sofern sie genau an das sich hält, was ihr zu tun bleibt. Dann muß sie es darauf ankommen lassen, daß gedacht wird, bei diesem oder jenem ihrer Sätze stände jeder andere unmittelbar davor, ihn im nächsten Augenblick selbst sagen zu können. Nichts anderes entspricht der Art von Gegenständen, die ihr geblieben sind oder die sie seit je in der Reichweite des gemeinen Lebens hatte, jedenfalls mehr als alles, was positive Wissenschaften zu ihrem Einzugsgebiet machen.

Für ihre Geltung als die einer Disziplin kann das Mißverständnis des Kompliments an Stelle der genauen Erkennung der Aufgabe eine Katastrophe sein: Wozu sollte es Fachleute für etwas geben, was jeder sonst beinahe selbst besorgen könnte? Der Eindruck freilich, den zu erzeugen die Philosophie nicht vermeiden kann, jeder ihrer Rezipienten hätte selbst gerade vor dem gestanden, was er bei ihr gesagt findet, ließe sich leicht widerlegen und in Enttäuschung verwandeln, wollte es im sachlich gebotenen Ernst der so reagierende Adressat darauf ankommen lassen, nach einer gerade gestellten Frage den Versuch zur vermeintlich trivialen Antwort auch zu machen, um sich die Bestätigung zu erwerben, dies beinahe selbst gekonnt zu haben. Da ließe sich eine therapeutische Prozedur anschließen, die auch für andere Gebiete theoretischer und ästhetischer Erfahrung unentbehrlich ist: die Schwierigkeit des vermeintlich Leichten kennenzulernen. Es ist nicht zuletzt das Wissen, wie es in den Alltagsbestand ordnungsgemäß ausgebildeter Hirne lebenslang eingespeist wird, das einfaches Hinsehen auf Nächstliegendes verhindert oder erschwert. Denn immer liegt dieses auch in anderen Zusammenhängen der Erklärung und Darstellung, niemals wird es durch die alleinige Kompetenz der Philosophie abgegrenzt. Es gibt eben den exklusiv philosophischen Gegenstand nicht mehr.

Nimmt man diesen Sachverhalt zusammen, so liegt es beinahe im Interesse der Unzerstörbarkeit der Philosophie und erst recht ihrer Geltung, die Suggestion der jederzeitigen Selbstvollstreckung ihrer Einsichten nur vorsichtig zu fördern. Es ist nicht pure Willkür, wenn viele diesem Eindruck entgegentreten und den künstlichen Habitus der Unzugänglichkeit kultivieren. Sie wird immer besser honoriert. Es zeichnet zwar den Philosophen aus, wenn ihm Mangel an Originalität bescheinigt wird; aber es ist nicht zweifelsfrei Dienst an seiner Sache, ihr die negative Aura der Harmlosigkeit zuzuziehen.

Was die Philosophie sich als Unbefangenheit fürs Gewöhnliche zurechnet – während sie die positiven Wissenschaften mit dem Ungewöhnlichen beschäftigt und geschichtlich durch dieses inauguriert sieht –, gewinnt leicht einen sozialen Aspekt und diesen gelegentlich als Vorteil. George Berkeley, der spätere Bischof von Cloyne in Irland, schreibt als gerade Zwanzigjähriger in sein philosophisches Notizbuch: *Ich stehe auf der Seite des gemeinen Volkes.*[1] Wie macht er das? Der Gegner des Kopernikanismus beruft sich zwar noch an diesem Anfang des 18. Jahrhunderts (1707/08) auf die Bibel, aber doch nur, um ein Argument mehr für seine Philosophie der Identität von Vorstellung und Gegenstand zu gewinnen. Er bedient sich einer religiösen Rhetorik, um philosophische Konsequenzen mit der Bibel im Einklang erscheinen zu lassen; doch diese zugleich im Bunde mit dem schlichten Menschenverstand gegen gelehrtes Raffinement: eine neue Form des *Idiota*, der sich seiner unmittelbaren Anschauung und ihrer Gewißheiten so versichert sehen darf, als genieße er den ungebrochenen Vorzug der durch Schöpfung begründeten Menschennatur.

Die Vorschrift freilich, die nochmals das Programm der Phänomenologie im 20. Jahrhundert werden sollte, keinen Begriff ohne Anschauung, keine Bedeutung ohne eine ihr zugeordnete Vorstellung einzuführen, muß nicht dahin ausgelegt werden, daß jede Anschauung so wie sie sich ergibt

1 George Berkeley, Philosophisches Tagebuch Nr. 388. Leipzig 1926, 53.

dem Anspruch auf Erkenntnis ihres Gegenstandes schon genügt, es nicht vielmehr erforderlich ist, einer Mannigfaltigkeit von Vorstellungen die Identität ihres Gegenstandes zuzuordnen. Das ist nicht erst die Aufgabe der Theorie, aber die Theorie ist die ungebrochene Konsequenz dieser schon in aller Wahrnehmung angelegten Intention. Berkeleys Beispiel für die Bedeutungslosigkeit bloßer Begriffe ist der der Existenz: Er bedeutet nichts, weil er zu den Vorstellungen nichts hinzubringt. Dann ist es auch zweifelhaft, ob von allen Ausdrücken behauptet werden kann, daß sie für Vorstellungen stehen und ob das Problem der Entsprechung von Begriff und Realität durchgängig etwas bedeutet.

Berkeley nimmt in Anspruch und glaubt darin dem schlichten Gemüt nahe zu sein, sich von allen Menschen am weitesten vom Skeptizismus entfernt zu haben.[2] Man ist nicht so leicht Skeptiker, wie es den Gelehrten zu fallen scheint. Diese Versicherung wendet sich an ein Publikum, das empfänglich dafür geworden ist, nicht nur zur Elite der Gelehrten zu gehören – nicht dazugehören zu brauchen, um etwas von der Welt zu verstehen und zu haben.

Zum Typus der Gefälligkeitsphilosophie gehört nicht nur die Umschmeichelung des schlichten Gemüts gegen Präparate und Artefakte der exakten Experimentation sowie gegen den professionellen Schwulst der Gelehrsamkeit, sondern auch der ganze Komplex von Theorien, deren Annehmlichkeit man auf den Titel ›Entlastung‹ bringen kann. Freisprüche des einzelnen von nahezu allem, was er tut, verbürgt ihm seine bekannte wie seine verborgene Lebensgeschichte unter der Gesamtheit der Umstände, die ihn nicht anders werden lassen konnten als er wurde, wie sich für eine wissenschaftliche Analyse von selbst versteht, weil sie sonst erst gar nicht anzufangen brauchte. So gibt es für

2 A. a. O. Nr. 507, 71.

Völker und Staaten, Gesellschaften und Minderheiten geschichtlich wie geopolitisch vorgesehene Feinde aller Art, im konzentrierten Fall symbolische Sündenböcke, die für das herhalten müssen, wofür nur sehr unbestimmt Widersacher beigebracht werden könnten. Durch kryptische Formen von Metaphysik und vor allem durch Geschichtsphilosophie bekommen solche empirisch schwer durchzuhaltenden Theoreme vager Bedrohungen und Fremdheiten den Rückhalt und die Weihe erhabener Notwendigkeit. Jeder Dualismus macht die moralische Qualität des einzelnen zur kontingenten Symptomatik einer kosmischen Auseinandersetzung, die sich hinter seinem Rücken und außerhalb seiner Zuständigkeit längst abgespielt hat und weiter abspielen wird: ›Das Andere‹ ist schuld, worin sich die harmlosere Alltäglichkeit, immer nur ›die anderen‹ schuld sein zu lassen, zur beruhigenden Unwidersprechlichkeit aufschwingt.

Freisprüche zu beschaffen setzt die Mäßigkeit der Schuld, mag sie auch zu mythischer Größe aufgetrieben sein, für das Individuum schon voraus. Oft sieht es so aus, als würde doch nur die Säkularisierung theologischer Muster betrieben; in Wirklichkeit genügen Theologie wie Philosophie nur *einem* Entlastungsbedarf. Es mag dann sehr wohl sein, daß die Theologie, die sich ihre Instanzen, Verfahren und Verheißungen leichter verschaffen kann als die Philosophie, die Eindringlichkeit und Überzeugungskraft eines Paradigma schafft, hinter dem andere Angebote nicht zurückbleiben dürfen, ohne sich zur Hoffnungslosigkeit ihrer Rezeption zu verurteilen. Für das Christentum ist Paulus der Schöpfer eines solchen Paradigma im Theologem der Rechtfertigung, das zwei unverzichtbare Stücke der Argumentation miteinander verbindet: die Feststellung der Unerfüllbarkeit eines Gesetzes, das durch den Einwand seiner Unerfüllbarkeit keineswegs entkräftet ist und folglich notwendig in die Sackgasse der Schuld treibt; die von der identischen Instanz der Gesetzgebung herkommende Zusage des Freispruchs im anstehenden Gerichtsverfahren durch einen Kunstgriff der mystischen Identitätsveränderung des schuldigen Subjekts und durch einen Akt des bloßen Vertrauens auf diese Zusage, der allem Anschein nach im Vergleich zur Unerfüllbarkeit des Gesetzes eine erfüllbare Bedingung darstellt.

Konkurrenz mit dem Theologem der Rechtfertigung ist für jede Gestalt von Anthropologie und Geschichtsphilosophie unvermeidlich. Also auch der Weg, in einer umständlichen und langfristigen Prozedur dem Menschen seine Schuldlosigkeit an seiner Lage und Beschaffenheit endgültig zuzusichern und durch eine ihm als letzte Wendung des Prozesses winkende Freiheit alles jemals Gegenwärtige nur als Mittel und Durchgang zu jenem Endzustand annehmbar werden zu lassen.

In einem wesentlichen Punkt kann die Philosophie die ›Umbesetzung‹ der Vorgabe nicht nachvollziehen und es auch ohne Schaden unterlassen: Kein Gesetzgeber kann unerfüllbare Gesetze erlassen, ohne sich selbst ins Unrecht zu setzen statt der den Gesetzen Unterworfenen. Schon Aristoteles hatte verfügt, daß etwas ungerecht im Sinne der Norm sein kann, ohne daß die entsprechende Tat zur ungerechten Tat würde; und dies nicht nur wegen des Mangels an Freiwilligkeit, sondern auch und gerade deshalb, weil Gesetze ohnehin in einem unaustreibbaren Mißverhältnis zu den Realitäten stehen, auf die sie sich beziehen. Es gebe Fälle, in denen es nicht möglich sei, eine allgemeine Anordnung so zu treffen, daß sie richtig ist; wobei der Fehler nicht beim Gesetzgeber und seinem Gesetz liegt, sondern *in der Natur der Sache, denn so ist nun einmal die Fülle dessen, was das Leben bringt.*[3] Daher bedarf das Gesetz zwar nicht des vorgegebenen Freispruches für diejenigen, die es übertreten, wohl

3 Aristoteles, Nikomachische Ethik V 14; 1137 b; ed. Grumach 119.

aber einer Milderung der Unerbittlichkeit seiner Vollstrekkung.

Auch das ist ein Verfahren, zur Beschaffung von Freisprüchen weder die herrschende noch die beherrschte Instanz schuldig sein zu lassen, sondern die Wirklichkeit, für die dem griechischen Philosophen niemand verantwortlich zu sein brauchte, weil sie ewig so ist und nicht anders sein kann, als sie ist. Sie schiebt sich als trübes Medium zwischen die Klarheit der Norm und ihre Erfassung für den Handelnden, der die Norm auf den Sachverhalt nicht mehr zu beziehen vermag. Er kennt und anerkennt das Gesetz, aber die Logik seiner Anwendung versagt ihm – und nur Logik kann schuldig machen. Dabei ist ›Geschichte‹ dieser Wirklichkeit noch nicht im Spiel. Sie erst wird das Maß des Mangels an logischer Passung entscheidend verändern können und sollen.

Nun kann man sagen, Gefälligkeitsphilosophien seien nur dann verwerflich, wenn der Empfänger ihrer Annehmlichkeit dadurch geschädigt wird. Vielleicht bestehen die härtesten Differenzen gerade in diesem Punkt. Jede Gefälligkeit gesteht zu, mehr Behaglichkeit durch weniger Leistung zu erlangen – wie immer diese beiden unbestimmten Begriffe näher bestimmt werden mögen – und dieser Nachlaß komme denen zugute, die ohnehin nicht stark genug sind, die dem Zweck adäquaten Mittel aus sich aufzubringen. Der Einwand folgt wieder einem vertrauten Schema. Dessen Geltung ist kaum, dessen Gewicht jedoch stark umstritten: ob nicht Gefälligkeit jeder Art, jeder Nachlaß am Erforderten, immer kraftloser und unwilliger zum Selbstaufgebot den werden lasse, dem man Nachlaß verschaffte.

Mehr als ihre ›Konsumenten‹ korrumpiert der auch nur unterstellte oder gar fälschlich vermutete Erfolg von Gefälligkeitsphilosophie die philosophischen ›Produzenten‹ selbst. Sie müssen bei der uralten Behauptung bleiben, daß Wahrheit gar nicht gefällig sein *kann*; folglich am wenigsten dort, wo sie am rücksichtslosesten zu vertreten ist. Doch ist dieser Grundsatz selbst nicht unverdächtig. Er erlaubt den rhetorischen Kunstgriff, die Ungefälligkeit als *stigma veritatis* auszugeben und denen, die sie ertragen oder ertragen zu können auch nur vorgeben, die Prämie der Lust am Schmerz als Indiz der Bildungsfähigkeit für die Bedeutung der Sache zu versprechen.

Wenn auch ohne Abweisung von Erwartungen Philosophie nicht abgehen kann, wird die garstige Abweisung doch noch nicht *eo ipso* philosophisch. Anders gesagt: Ästhetische Darbietung der Wahrheit macht sie noch nicht verdächtig. Ihre abstoßendste Nacktheit erhebt sie nicht zur Bedingung theoretischer Tugend. Es läßt sich geradezu fragen, ob Wahrheit nicht einen Anspruch darauf hat, die Zugangsvorteile zum Gemüt durch Annehmlichkeit zu gewinnen. Der traditionelle Zusammenhang der ›Transzendentalien‹ des Wahren, Guten und Schönen wird dadurch nicht wiederhergestellt, doch die Trauer über seinen Verlust angezeigt. Als ob der Anspruch auf etwas Unverzichtbares trotz geschichtlicher Ernüchterung aufrechterhalten bliebe.

Tatsächlich tritt der Orakelspruch neueren Typs – die divinatorische Freundlichkeit – mit der ästhetisch-logischen Gefallsucht simulierter Evidenz auf, das Falsche könne so nicht aussehen – etwa diese Symmetrie nicht haben, die in dem Schema steckt, das Gewesene verbürge sich schon dadurch, daß es jemals sein konnte, dafür, das Kommende zu sein. Und zweifellos: das Ausgeschlossene ist es dadurch nicht mehr, wenn auch als Gewesenes das *eo ipso* nicht von Dauer Gebliebene – aus Gründen Ausgeschiedene? Ungewißheit ist schwer genug erträglich, um akzeptabel zu machen, was sie mindert. Nur sollten die Instrumente solcher Minderung die Indizien ihrer Hilflosigkeit wenigstens für den an der Stirn tragen, der hinsehen will; Hellseher wird keine Aufklärung aus der Welt schaffen, weil sie Dezisionsschmerzen lindern.

Alle Arten von Theorie haben es bevorzugt mit dem Unsichtbaren zu tun. Es ist die Überraschung der modernen Welt, denn am wenigsten hatte der europäische Mensch daran jemals gedacht, es könne auf die Überproportion des ihm Unzugänglichen in der Welt ankommen, das Sichtbarkeitspostulat ihn beleidigend verletzt sein. Aber es kommt auf das Unsichtbare an, nicht nur in den teleskopischen Weiten des Weltalls, die es zuerst provozierend machten, und nicht nur in der mikroskopischen Nähe dessen, was bloße Subtilität des organischen Mechanismus zu sein schien. Wer hätte geglaubt, daß dort die tückischsten Feinde der humanen Wohlfahrt lauerten? Wer wußte noch 1831, als er vor der Cholera wild in der Gegend umher flüchtete, die Kontamination könne die mit Lebewesen seinesgleichen sein, die auf dem ›Umweg‹ der Krankheit ihre Vitalität durchsetzten?

Tücke des unterschwellig sich Durchsetzenden war doch auch alles, was am Ende des Jahrhunderts mit dem ›Unbewußten‹ auftrat und herrisch sich als ›Verdrängtes‹ zurückmeldete, unter Strafe eines Unbehagens, das man nun nicht mehr ertragen zu können meinte. Gefälligkeiten therapeutischer Art sind bezogen auf das, was weder als Schicksal noch als Tick hingenommen werden kann: Bazillen und Neurosen wurden Bezugsgrößen immer neuer *Apotropaia*. Nichts war nicht geeignet, irgendwann dabei in Szene gesetzt zu werden. Fast gleichzeitig mit der Unterwelt von Mikrobe und Libido wurde die des Atoms und der Radioaktivität geöffnet – ein Feld, auf dem sogar das Mikroskop ohnmächtig war und ›Gefälligkeit‹ fast in der Phantasiebesetzung gesichtsloser Rollen bestehen sollte, je unheimlicher die Fremdwelt den Unbegreifenden wurde – und wer war es nicht? Wer war und ist denn ›sachverständig‹ bei einer ›Sache‹, die unbekannt *ex officio* sein muß?

Warum reißen wir das Holstentor in Lübeck nicht ab, dieses verkehrshinderlichste Monstrum, das je einer Stadt die Hauptschlagader abgedrosselt hat? Weil es schon so alt ist? Beinahe, aber doch nicht ganz. Weil schon so viele nicht Hand dran zu legen gewagt haben, die mit den schönen Ziegeln auch etwas Gemeinnützigeres anzufangen gewußt hätten.

Ist das bürgerlicher Historismus? Ja, eine seiner besten Seiten.

Denn die Nachbürgerlichen, die heute noch demonstrieren würden, wollte einer einen dieser alten Steine schief ansehen, wissen schon nicht mehr so recht, weshalb sie sich aufregen werden. Vor allem aber tun sie etwas dazu, daß Künftige noch viel weniger wissen, woher solcher Respekt kommt, und die Wertungsfähigkeiten verloren haben werden, die ihn tragen. Das Abenteuer der bloßen Vermutung, es müsse doch nach den Bürgern noch etwas kommen, weil nach ihren Vorgängern auch etwas gekommen ist, verlangt nach den Bestätigungen, die es sich nur selbst verschaffen kann. Das Holstentor nicht stehen zu lassen, gehört dazu, sobald seine Unberührbarkeit nur noch als eins der unverständlichen Tabus erscheint, die zu zerstören das Bewußtsein erbringt, den Historismus hinter sich zu haben.

Dies ist in Wirklichkeit nur jenes
Zur Typik zeitgeistgefälliger Theorien

Der Zeitgeist ist die Unzweckmäßigkeit an dem im Kern zweckmäßigen Verhalten des Menschen. Daher die große Auswahl seiner Möglichkeiten. Er setzt an, wo es nicht ums Leben oder Sterben geht, wohl aber um das, was die Sicherung des Überlebens noch zu regeln übrigläßt. Am Ende des Jahrhunderts, das mit den großen Geißeln der Menschheit fertig geworden zu sein glauben konnte, rücken Nöte ins Blickfeld der therapeutischen Aufmerksamkeit, die man angesichts von Pest und Cholera noch als Skurrilitäten angesehen hätte. Niemand ist je auf die Idee gekommen zu sagen, Sigmund Freud habe die Menschheit von der Geißel der Neurosen befreit. Ein Befreier war er dennoch, weil man es sich leisten zu können gerade anfing, auch mäßigere Beeinträchtigungen des Wohlbefindens mit Aufmerksamkeit und Aufwand zu behandeln. Was Freud zu einer Figur des Zeitgeistes machte, war dieser Aufwand an theoretischer Begründung wie praktischer Einlassung.

Was gehört dazu, eine Figur des Zeitgeistes zu werden? Wittgenstein, der noch nicht wußte, in welchem Maße er selbst dies nach seinem Tode werden würde, hat das Geheimnis der Ausdrucksfähigkeit Freuds für den Zeitgeist, der Faszination für die intellektuellen psychischen Bedürfnisse der Zeitgeistgenossen, schon kurz nach Freuds Tod in den vierziger Jahren aufzuklären versucht: *Die Anziehungskraft gewisser Arten von Erklärungen ist ganz überwältigend. Zu gewissen Zeitpunkten ist die Anziehungskraft einer bestimmten Art von Erklärung größer als man sich vorstellen kann.*[4]

4 Ludwig Wittgenstein, Vorlesungen und Gespräche. Oxford 1966; Göttingen 1968, 50.

Solche Erklärungen haben, so zeitgeistbestimmt sie inhaltlich sein mögen, ein zeitloses formales Schema. Wittgenstein hat es in schönster Abstraktion hingeschrieben: *Dies ist in Wirklichkeit nur jenes.* Es ist das Erfolgskonzept einer Theorie, deren Zustimmungsfähigkeit für die Genossen einer Zeit darauf beruht, daß sie eine Mannigfaltigkeit und Fülle, möglichst eine Universalität der Vorkommnisse und Probleme, reduziert auf die Einsichtigkeit einer einzigen Realität. Nicht zufällig hat die Philosophie genau mit diesem Schema ihren europäischen Zug – den ich einen ›Siegeszug‹ zu nennen nicht wage – angetreten: Am östlichen Rand der frühgriechischen Welt hatte Thales alle Vielfalt der Erscheinungen auf das Wasser zurückgeführt, am westlichen Rand derselben Sphäre Parmenides eine Welt des Scheins und der Meinung auf die absolute Einheit des Seienden als deren Wahrheit gebracht. Selbst das Konzept der wirklich siegreichen Theologie war kein anderes als dies, den einen Gott für die Vielfältigkeit der Dinge und Menschen als deren Schöpfer verantwortlich zu machen, um auf die Frage, weshalb er sich diese Verantwortung zugezogen habe, nur zu antworten: Weil er es wollte. Dieser Wille, zur abstraktesten Energie purifiziert, ist noch bei Schopenhauer das hypostasierte Urprinzip zur Ausfüllung des Schemas, dies sei *in Wirklichkeit nur jenes.* Das war vielleicht nicht eine gute Theorie, wohl aber die Reindarstellung der Güte von Theorien überhaupt. Meine Vermutung ist, daß die dem Zeitgeist gefälligen Erklärungen so etwas wie Karikaturen des Schemas sind, eines sei *in Wirklichkeit* nur ein anderes.

Bei Freud ist alles Libido. Sie ist das Wasser des Thales, das Seiende des Parmenides, die Hyle des Aristoteles, der Wille Schopenhauers – weniger in neuer Gestalt als unter neuem Namen. Was sie erreicht, ist die Befriedigung, die alle Leistungen der Zeitgeister bewirken: mit wenigem vieles zu umfassen; eine Vertrautheit durch Simplizität der Welt zu bewirken, die das Verwirrende der Wirklichkeit zum bloßen Ausdruck eines einfachen Unbedingten macht; den buntscheckigen Überbau freier Bedürfnislosigkeit zur Metapher des monotonen Unterbaus der Mechanismen zur Bedürfnisstillung. So die manifesten Trauminhalte, in denen alles möglich zu sein scheint, als lästige Unterlaufungen einer strengen Kontrolle durch den einen monotonen Traumgedanken der Latenz, der sich den Wunsch erfüllt, den er sich immer wieder denkt.

Freud tut etwas, was mir ungeheuerlich falsch vorkommt, sagt Wittgenstein zum Beispiel eines schönen Traumes, dessen rigide Bedeutung sich nur als Unanständigkeit herausstellen kann. Der Analytiker habe seine Patientin um etwas betrogen. Er habe sie zum Eintausch des Schönen gegen das Wahre verleitet. Aber weshalb hat sie die ihr angebotene Erklärung, dieses sei in Wirklichkeit nur jenes, akzeptiert?

Sie konnte dem Anreiz nicht widerstehen, es sich mit sich schwer zu machen. Unwiderstehlich drängt uns das eine Vorurteil, es könne so leicht nicht sein, in und mit der Realität zu leben, zur Abweisung aller jener Vorurteile, die eine gewisse Annehmlichkeit der Welt für den Menschen, eine Zurichtung auf ihn und für ihn – und als deren höchsten Ausdruck die Schönheit der Dinge – suggerieren. Wir genießen es schließlich, nicht zu genießen: die Ungenießbarkeit der Welt. Darin liegt die Verführung von Erklärungen, die Zumutungen sind: *Es ist reizvoll, Vorurteile zu zerstören* – nicht nur die der anderen, wie es zunächst ausgesehen hatte.

Die Bereitwilligkeit, Vorurteile zu zerstören, auch wenn dies den Preis der Umgänglichkeit der Welt kostet, ist das Unbegreifliche an dieser langen Geschichte, in der an die Stelle herrlicher Mannigfaltigkeiten die triste Einfalt des letzten Begreifens gesetzt werden sollte. Aber der Mensch, seit er nicht mehr den rüden Herausforderungen der Natur sich zu stellen hatte, mußte auf andere Weise herausbekommen, was er auszuhalten vermag. Weil er das Wesen ist, das sich seiner Standhaftigkeit nicht von Natur sicher sein kann, hat er den Antrieb, sich etwas zuzumuten: *Vielleicht ist es der Umstand, daß die Erklärung äußerst abstoßend ist, der einen dazu treibt, sie zu akzeptieren ... Das ist ein höchst interessantes psychologisches Phänomen, daß diese häßliche Erklärung einen dazu bringt, zu sagen, man hätte diese Gedanken wirklich gehabt, während man sie in jedem üblichen Sinne in Wirklichkeit nicht gehabt hat.* Man nimmt ein Angebot von Selbstauffassung an, um des beruhigten Bewußtseins willen, hart mit sich umgegangen zu sein: So etwas habe ich in Wirklichkeit gedacht, während ich einen schönen Traum geträumt zu haben glauben konnte.

Jeder Mensch bestätigt sich darin, gewisse Proben zu bestehen, und er scheitert daran, in ihnen erlegen zu sein. Nun ist unsere Welt arm an realistischen Erprobungen. Abenteuer in unerschlossenen Gegenden, Strapazen, Entbehrungen lassen sich suchen, werden in Prospekten angeboten, aber immer mit dem Vorbehalt jederzeitiger Helikopter. Neue Arten von Proben sind rar. Der Satz, etwas, als dieses angenommen, sei in Wirklichkeit jenes, besteht auf dem Verzicht, der eigenen Fähigkeit zu trauen, etwas als das festzuhalten, als was es schon eingeordnet worden war. Es bewährt den Mut, das zunächst Festgehaltene als dieses preiszugeben, sich einer Stütze der psychischen Annehmlichkeit zu entledigen und sich Ungeheuerlichkeiten zu überlassen, von denen man genau weiß, daß man sie auf den alltäglichen Wegen der schlichten Aufmerksamkeit nicht antrifft. Ihnen zu sagen, was sie wirklich denken und sind, verblüfft die Betroffenen, versetzt sie in einen Irrgarten künstlicher Abenteuer, *in dem sich die Leute verlaufen können.* Ein anderer zu sein als der, den man kennt, ist in der rechten Präsentation, die die bloße Enttäuschung zu vermeiden vermag, ein Angebot zur Kühnheit, zur Rücksichtslosigkeit:

Ich erfülle mir Wünsche, die mir nicht gefallen – welche Paradoxie!
Man ist bereit, eine Menge Dinge zu glauben, weil sie unheimlich sind. Weshalb? Als Prävention: Indem man den Dingen zutraut, anderes zu sein, als sie zu sein sich zeigen, verstärkt man die Anspannung der Aufmerksamkeit, erhöht den Mobilisationsgrad der Erfahrung. Sie wird disponiert, mit dem Schlimmsten zu rechnen, obwohl die Zivilisation daran gewöhnt, daß dies nur dort sich durchhalten läßt, wo Bestätigungen nicht mehr beschafft werden können. Dafür ist die Psychoanalyse das hochrangige Beispiel: *Die Vorstellung, daß Leute unbewußte Gedanken haben, hat ihren Reiz. Es ist die Vorstellung einer Unterwelt, eines geheimen Kellergewölbes. Das ist etwas Verborgenes, Unheimliches.*
Wittgenstein hat das Aufkommen des Darwinismus herangezogen, um die Bedingungen der Rezeption zu vergleichen: Der Mensch, der sich als singuläre Sonderheit in der organischen Welt vorkommt, ist in Wirklichkeit ein Säugetier aus der Klasse der Primaten, ein Ast ihrer Entwicklung, vielleicht ein verlorener. Das Gemeinsame dieser Erklärungen von Welt und Selbst ist, daß sie eine intellektuelle Bestrafung für diejenigen enthalten, die Widerstand leisten: Sie können nicht zustimmen, weil sie zu schwach sind, damit zu leben.
Das paradoxe Moment ist, daß man sich noch mehr entblößt, wenn man diese Welterklärungen leugnet, als wenn man sie zugibt und sich damit als ein Monstrum qualifiziert. Dennoch verspricht dies den kleineren Preis, den geringeren Einsatz – und vor allem die Prämie der Einigkeit mit dem Zeitgeist, der seine Kinder mit dem Bewußtsein belohnt, zur Klasse derjenigen zu gehören, die recht behalten werden.
Der Zeitgeist ist eine Instanz der Rhetorik. Die Formalbestimmung der theoretischen Optimierung, dieses sei in Wirklichkeit jenes, ist nur mit Überredung durchzusetzen. Sie läßt die Reize aufleuchten, die als Leistung erscheinen

lassen, was doch nur Behauptung bleiben kann. Ihn erinnere das, sagt Wittgenstein, an das wundervolle Motto, jedes Ding sei, was es ist, und nichts anderes: eine rhetorische Versicherung, von der man noch nicht einmal angeben könnte, was sie enthält.

›Rhetorik‹ ist kein Vorwurf. Daran erkennt man den Nicht-Platoniker. Wenigstens den, der es sein will. Der Philosoph, wie Wittgenstein einer ist, muß einräumen: *Ich überrede auch*. Worin besteht seine Art der Überredung? *In gewissem Sinne mache ich Propaganda für einen Denkstil und gegen einen anderen. Ich verabscheue den anderen ehrlich.*

Beispiel für das Verabscheute ist die Grenzüberschreitung des Mathematikers, dem Wittgenstein so nüchtern auf die Finger gesehen hat. Georg Cantor ist der Prototyp solcher Grenzüberschreitung und der, der der rhetorischen Faszination ihrer Kühnheit erlegen ist: *Ich würde mein Äußerstes tun, um zu zeigen, daß es dieser Reiz ist, der einen so verfahren läßt.*

Aber, ist Denkstil nicht wiederum nur ein anderer Ausdruck für Zeitgeist? Wittgenstein hat mit seiner Formel *Dies ist in Wirklichkeit nur jenes* das Grundschema aller Welterklärungen angegeben und zugleich deren Reizwert bestimmt. Auf diesem Schema verbleibend, gibt es noch die Steigerung des Reizwertes mit der gleichfalls schon von den Griechen entdeckten Formel: *Alles ist eines.* Dies ist es, worauf die Vernunft jederzeit Anspruch hatte und was ihr jeweils endlich erfüllt werden soll; dies ist es aber auch, was die Bildungserwartung bestärkt, einen derart auf Einfachheit zulaufenden Sachverhalt werde alsbald jedermann begreifen und die Welt dadurch für sich durchsichtig machen können.

Nicht zufällig begann die Psychoanalyse ihren Weltzug gleichzeitig mit der Erkenntnis von der Verrechenbarkeit von Materie und Energie, unter der Faustformel, alles sei Energie. So und nicht anders war auch alles, was es an der

Seele zu verstehen gab, durch Wege, Umwege und Abwege der psychischen Reizenergie begreiflich geworden. Als der Zeitgeist aber seine große Schwenkung für das folgende Jahrhundert machte, unter der neuen Faustformel: alles sei Sprache, war die Theorie der psychischen Unterwelt der neuen Anforderung sofort gewachsen und ergab sich in einer überwältigenden Umarmung dem neuen Zeitgeisttenor. Obwohl Freud den Widerstand gegen seine Theorie geradezu als Kriterium ihrer Wahrheit ausgegeben, erwartet und ertragen hatte, ließ er sich doch durch die unerwartete Zustimmung der Zeitgenossen, die sich nach seinen Kategorien längst selbst zu beschreiben begonnen hatten, nicht beirren. Auch dieses Phänomen der massenhaften Zustimmung war auf das Schema zu bringen, etwas sei nicht dieses, sondern jenes. Denn schon die Abneigung gegen seine Erklärungen war nichts als Verstellung des Ausdrucks für die Zustimmung erzwingende Evidenz gewesen: ein Sachverhalt der *Ambivalenz* psychischer Erregung.

Wieder ein Begriff, dessen Leistungsfähigkeit omnipotent ist, so daß Wittgenstein davon sagen kann: *Und das ist es, was Freud in Wirklichkeit herausgebracht hat.* Auch die im Widerstand versteckte Zustimmung beruht auf einer Abwandlung der Formel *Alles ist eines.* Es ist nur die Förmlichkeit der Zeit, die uns etwas als vage Wiederholung erkennen und anerkennen läßt, was in Wirklichkeit immer dasselbe ist: Jede Angst wiederholt nur die Urangst des Geburtstraumas, die wiederum zu dem wenigen an elementaren Erfahrungen gehört, die allen gemeinsam sind. Die beiden Zeitlosigkeiten – die des unbewußten Es als der Quelle des triebhaft Psychischen und die des Über-Ich als des unbewußt Normativen – stehen symmetrisch zueinander. Sie wirken antagonistisch auf das Ich, von dem erst sie ihre Zeitbestimmung erhalten.

Für die Wirkungsweise von Zeitgeistern auf Denken und

Verhalten könnte dieses Schema erklären, was die Gleichgültigkeit des Zeitgeistes gegen ›Erfahrung‹, gegen alle Spielarten von ›Realismus‹, ausmacht. Er gibt vor, was aus der Erfahrung ›gemacht‹ werden kann; und was er jeweils vorgibt, läßt sich nicht als Resultat vorgängiger Erfahrung begreifen, weil er außerhalb solcher Zeitordnung steht. Nichts ist ihm endgültig vergangen, nichts eindeutig zukünftig. Daher ist Wiederholung die Form, in der er sich über Individuation und Kausalität hinwegsetzt. Er verachtet den Willen des Individuums, nur es selbst, unwiederholt und unwiederholbar, zu sein, und demütigt es in diesem Willen. Seine Gegengabe ist das Behagen der Übereinstimmung mit ihm.

Die harmlose Trivialredensart, es sei alles schon einmal dagewesen, gehört in den Vulgärstoizismus, der im Grenzfall die Ausbrennung der Welt ertragen lassen soll, weil sie daran noch niemals endgültig zunichte geworden ist. Wiederholung ist ein Faktor zur Stiftung von Vertrauen; während Einmaligkeit der Ereignisse, wie sie aus dem Historismus in das philosophische Konzept der ›Geschichtlichkeit‹ übergegangen ist, auch immer das Äußerste zuläßt, das es noch nie gegeben hat und von dem sich nicht sagen läßt, wie es auszuhalten sein wird.

Wiederholung macht sogar die Angst vertraut, in der sich das allen Menschen gemeinsame Trauma wiederfindet, geboren zu sein, aber auch, es überlebt zu haben. Angst haben zu können, verliert die Faktizität der Unvertrautheit angesichts dessen, was sich noch nicht einmal fürchten lassen will vor lauter Unbestimmtheit. Es wird gerade in dieser verstehbar und verstanden als Mitgift des Gründungsaktes jeder Existenz in der Welt. Es ist der Rückgang auf das, was nicht individualisiert. Natalität ist die eine und einzige Erfahrung, die alle miteinander teilen, ohne sich an sie erinnern zu können.

Alles ist eines – auch in dem dubiosen Schatz einer Grunderfahrung, die das Individuum an die Gattung bindet und es nicht losläßt, ohne jemals in seiner Erinnerung aufzutauchen. Das Paradox der unerinnerten Erfahrung hat Bedeutung nur darin, die Attraktion einer Theorie annähernd verständlich zu machen, die den Hervorgang des Individuums aus der Gattung in die ›Biographie‹ eines jeden einbezieht.

So weit der Versuch, den Blick vorzubereiten auf Wittgensteins Kritik daran, daß Freud für seine Urgeschichte der Angst keine Beweisgründe vorzubringen habe – sie auch gar nicht haben könnte, weil jede Anamnese da versagt. Dennoch – und auf diese Adversation kommt es an – handle es sich um *eine Idee von bemerkenswerter Anziehungskraft, und zwar von jener Anziehungskraft, die mythologische Erklärungen haben, in denen es heißt, daß sich in allem, was geschieht, etwas wiederholt, was schon vorher einmal geschehen ist*. Das Erklärungsangebot anzunehmen, zieht das Unerklärliche aus seiner exotischen Unbehaglichkeit herein in den Lebenszusammenhang, ohne daß dies jemals eine empirisch gestützte Theorie leisten könnte.

Der Zeitgeist kann Theorien nicht integrieren, nicht einmal hochschätzen, die anfällig wären, von Tag zu Tag der Falsifikation zu erliegen. Nur durch Übergebrauch ist der Jahrhunderterfolg des Unbewußten so strapaziert worden, daß lange nach Wittgensteins Kritik Dekadenz sein Schicksal zu werden scheint. Freud glaubte, für die alten Mythen eine neue und diesmal wissenschaftliche Erklärung zu geben. Dieses Selbstverständnis verdeckte ihm, was er nach Wittgensteins Formel tatsächlich tat: *Er hat in Wirklichkeit einen neuen Mythos geschaffen.*[5]

Das alte Wahre ist dahin. Doch sind die erfolgreichen Ver-

5 A. a. O. 86.

fahren der Zeitgeister dieselben geblieben. Was Wittgenstein mit der Formel *Dies ist in Wirklichkeit nur jenes* herauspräpariert hat, kann auch die Gestalt der universal-hintergründigen Verrechnung annehmen. Sie läßt nur im Kleinen Gewinn oder Verlust zu; im Großen geht die Rechnung der Welt immer auf. Es ist so etwas wie eine frühe Form des Prinzips der unveränderlichen Substanz. Bei den frühesten Griechen hatte Anaximander die Streitigkeiten über den Ursprung der Dinge damit beendet, daß er das Unbestimmte, wenn nicht Unbestimmbare an Stelle dessen setzte, was seine Vorgänger bei einem der Elemente gesucht hatten. In diesen Zusammenhang gehört der archaisch große Satz vom Aufgehen der Weltrechnung: *Woraus das Werden den Seienden kommt, dahinein geht auch ihr Vergehen nach der Schuldigkeit, denn sie geben einander Gerechtigkeit und Ausgleich für den Rechtsverstoß nach der Ordnung der Zeit.*

Indem er ein rationales Prinzip – wenn auch eines nur des Wunsches – als herrschendes Rechtsprinzip des Kosmos benennt, bleibt Anaximander eigentümlich unentschieden zwischen Mythos und Philosophie stehen. Es ist das Prinzip, das noch Lavoisiers Waage beherrscht, die den Prozeß der Oxydation nach dem zwar unbeweisbaren, rational aber unabweisbaren Prinzip der Erhaltung des Stoffes aufzuklären sucht. Wenn der Mensch sich nicht oder nicht mehr zutraut, *vergeltende* Gerechtigkeit zu üben – und dies offenkundig in dem Maße, wie er sich *verteilende* Gerechtigkeit zutraut –, erwartet er heimlich oder offen den Ausgleich als Weltprinzip. Ob das nun heißt, daß die Weltgeschichte das Weltgericht sei, oder enger und privater, daß alle Schuld sich auf Erden rächt, ist sekundär. Übrigens ist dieses letzte Reflexivum verräterisch: Es ist niemand da, der die Rache vollzieht, und es bleibt der Schuld selbst, sich ihre Vergeltung zu verschaffen.

Wieder ist es ein Mythos Freuds – der von der Ermordung

des Hordenvaters durch die Söhne –, der den menschheitlichen Urfall vor Augen führt, indem er die mörderischen Söhne selbst zu mordfälligen Hordenvätern werden läßt – bis ihnen dieser Mechanismus des Unheils aufgeht und sie den Generationspakt schließen, auf anderer Ebene und mit äquivalenten Energien den Konflikt der Väter und Söhne auszutragen. Es versteht sich, daß das Konstanzprinzip der Energie nach der Ächtung des Vatermords urtümliche und ungeheuerliche Wünsche in die Traumnächte abschieben mußte.

Das aus der Welt der Fakten ganz unbegründete Vertrauen in das Aufgehen der Weltrechnung gehört wohl zum zentralen Inhalt dessen, was gemeint sein kann, wenn der ›Sinn‹ von Welt und Leben in Frage gestellt wird. Man muß sich den mythischen Hintergrund der viel mißbrauchten Sinnerwartung vergegenwärtigen, um die Selbstverständlichkeit auch nur annähernd begreiflich zu finden, mit der Freud den Rachedurst des Unbewußten zur Kenntnis nimmt. Daß in dieser Sphäre das *ius talionis* gilt, gehört zur barbarischen Ausstattung; da geht nichts verloren, verlangt alles seinen Ausgleich. Angemessenheit hat Vorrang vor der Identität von Schuldigen und Schuldnern – oder, anders gesagt: weitet die Geschichte des Individuums zu der der Gattung. Wer getroffen wurde, rächt das Unrecht oder überläßt es denen, die dazu bestimmt sind, Gleiches mit Gleichem zu vergelten, nicht mit Notwendigkeit an demselben Urheber. Der Preis für die Herstellung des Sinnes ist die Gattungsmäßigkeit seiner Erfüllung, der Verzicht auf die Ansprüche des Individuums.

Ein Beispiel verdeutlicht, wie Tragisches und Komisches sich verbinden können, wenn eine jener Vergeltungen zwar mit Konsequenz und Härte, aber ohne Treffsicherheit stattfindet – die Rechnung ohne Rücksicht auf die Individuen aufgeht. Der Blick auf die Gattung läßt fast mit Befriedigung den Fall vorgetragen finden, den Fritz Wittels in der ersten aller Freud-Biographien, erschienen 1924, lakonisch mitteilt: *Ich kannte einen unehelichen Sohn, der in jedem Städtchen ein Mädchen schwängerte und sich um das Kind so wenig kümmerte, wie sein Vater sich um ihn gekümmert hatte. Das eben ist der Fluch der bösen Tat ... Das Unbewußte vergilt Böses mit Bösem; aber nicht am Übeltäter, sondern an irgendwem.*[6]

Nach dem Scheitern des großen Unterfangens der Geschichtsphilosophie – markiert etwa gleichzeitig durch Oswald Spenglers »Untergang des Abendlandes« – schafft Freuds Übergang von den ursprünglichen Kategorien der Individualanalyse zur Gattungstypik des Unbewußten die neue Form archaisch gewandeter Befriedigungen des Zeitgeistes. Eine so naheliegende genetische Erklärung für Wittels' fluchbeladenen Jüngling, er sei nicht so sehr der umwegige Rächer an seinem Urheber als vielmehr dessen biologischer Erbe, macht des blanken Mechanismus allzu verdächtig, als daß sie die Befriedigung des Sinnverlangens gewähren könnte, die in der Fabel vom ›Fluch der bösen Tat‹ dargeboten wird. Solch mythisierende ›Erklärung‹ hat die rhetorische Qualität der Zusicherung, die Verfügung über die eigene Geschichte nehme den zunächst blind darin Stehenden durch Aufklärung über sich selbst aus dem Ablauf des Verhängnisses heraus. Er leistete nur noch im Gleichnis, was er sonst reell angerichtet hätte. Die Weltbilanz, am Ende nur noch symbolisch aufzustellen, erließe ihren Schuldnern und Gläubigern den fortzeugenden Realismus ihrer Vollstreckungen. Für die Kunst, nur auf dem Niveau der Symbole das Handwerk des Daseins unblutig auszuüben, gilt erst recht als Inbegriff aller Wünsche die Formel, es sei *dieses in Wirklichkeit nur jenes.*

6 Fritz Wittels, Sigmund Freud. Der Mann, die Lehre, die Schule. Leipzig 1924, 223.

Wie Hegel vom Schnupfer zum Trinker wurde
Ein Leserbrief

Bierwirtsphysiognomie
Schopenhauer über Hegel

Der Rezensent der zweibändigen Ausgabe der Briefe Ernst Blochs zitiert einen schönen Satz aus dem Brief Nr. 47 an Georg Lukács vom 20. 2. 1913: *Jetzt spielt das Bier bei Hegel wie bei mir in die Philosophie herein.* Wie es bei Bloch hereinspielt, wird aus dem Anlaß des Briefes, dem Freund von der Heirat mit Else von Stritzky Kenntnis zu geben, unmittelbar deutlich: sie war Tochter eines Brauereibesitzers aus Riga. Wie das Bier bei Hegel hereingespielt haben soll, wird vom Rezensenten durch eine Parenthese im Zitat dem Leser angezeigt: *bei Hegel – der gern trank –*. Wer der Interjektion des Rezensenten nicht recht trauen mag, findet im Kommentar der Herausgeber Beruhigung. Dort heißt es: *In Hegels Briefen ist häufig von Wein und Bier die Rede.* Doch ist vielleicht die Verkürzung auf Hegels Trinken voreilig. Der Kommentar der Briefausgabe hat den Rezensenten nicht gut bedient. Etwas mehr Hintergründigkeit darf man schon voraussetzen, wenn Hegelianer einander Briefe schreiben, und Bloch wußte genauer, was er sagte, und konnte sich auch darauf verlassen, daß es verstanden würde. Das schöne Zitat bekommt seinen Sinn allein dadurch, daß auch Hegels Frau Marie aus Brauersgeschlecht stammte; sie war aus Nürnberg und als Marie von Tucher geboren. Der trinkende Hegel – ich hätte nichts dagegen einzuwenden – kann für diesmal auf sich beruhen bleiben.

25. 10. 85

Wenn die Exempla eines Philosophen im engen Kreis von Haus und Hof bleiben, Berg und Wald, Hörsaal und Schreibzeug – der Ausnahmefall aber ein im Hörsaal halluzinierter Elefant ist[7], dann darf man seinen Realismus, die Welthaltigkeit seiner Philosophie nicht allzu hoch einschätzen. Erstaunlich, daß in diesem Punkt Husserl und Heidegger einander so nahe stehen!!

7 Martin Heidegger, Grundprobleme der Phänomenologie (Gesamtausgabe Band 24), 84.

Normalrock nach Gustav Jäger

Niemand werde aus dieser Uraufführung gehen können, ohne sich großes Kopfzerbrechen zu machen, schreibt der Kritiker, erstaunt über die Größe der Neuerscheinung. Nicht gestritten werden könne über den Eindruck, den der Dichter nach der Aufführung durch sein Erscheinen gemacht habe. *Statt eines bärtigen, gebräunten, breitschultrigen Mannes mit Klapphut und Jägerschem Klapprock erschien ein schlank aufgeschossener junger blonder Herr, von untadligstem Rockschnitt und untadligsten Manieren, und verbeugte sich mit einer graziösen Anspruchslosigkeit, der wohl auch die meisten seiner Gegner nicht widerstanden haben.*

Ganz so darf der Kritiker nicht schließen. Es wäre zu glatt auf der Linie der Begeisterung, die er schon gezeigt hat. Der Dichter hat sich auf den ersten Schlag Feinde gemacht, auch unter den Freunden des Kritikers; sie werden die Wirkung des Stücks und die Erscheinung des Dichters widersprüchlich finden und zu der üblichen Umkehrung greifen, gerade eine solche ›graziöse Anspruchslosigkeit‹ und Manierlichkeit könne Täuschung sein. Der Kritiker weiß, daß man am besten den Extremwert vorwegnimmt, und erinnert sich an den Einleitungssatz des zweibändigen »Praktischen Handbuchs der gerichtlichen Medizin« von Johann Ludwig Casper: *Meine Mörder sahen alle aus wie junge Mädchen.*

Der Dichter war Gerhart Hauptmann am Tage der Uraufführung von »Vor Sonnenaufgang« am 20. Oktober 1889 in Berlin, der Kritiker Theodor Fontane in seiner nicht nur geliebten »Vossischen Zeitung« vom folgenden und nächstfolgenden Tag.

Es fällt auf, wie großen Wert der Kritiker auf die Kleidung

des Dichters in der Uraufführung legt. Einem aus der ›schwarzen Realistenbande‹ war zuzutrauen, daß er auftreten würde, wie er es für eine der Gestalten seines Dramas, den Dr. Schimmelpfennig, vorgeschrieben hatte: Rock im Schnitt der Jägerschen Normalröcke. Das ist er, der reine Widerspruch zur bürgerlichen Unnatur, den der Dichter seiner Figur angetan, selbst aber vermieden hatte.

Gustav Jäger, Zoologe von Profession, dazu selbsternannter Entdecker der Seele gemäß dem Titel seines 1880 erschienenen Hauptwerks »Die Entdeckung der Seele«, war einer jener Beglücker der Menschheit, die es bei der Seele nicht bewenden lassen, vielmehr an den unwahrscheinlichsten Punkten zur Beglückung ansetzen. In diesem Fall bei der Entwicklung einer ›Normalkleidung‹. Deren wichtigste Eigenschaft war striktes Verbot jedes Pflanzenfaseranteils am Gewebe. Wie verschieden doch sein kann, was ›die Natur‹ dem Menschen vorschreibt! Einer von Jägers Jüngern hat überliefert, im Mittelpunkt seiner Lehren habe die Erkenntnis gestanden, in den Ausdünstungen des menschlichen Körpers sei der spezifische Stoff seiner Seele. Was er unter anderem damit bewiesen habe, daß bei wilden Tieren die Zähmung des Männchens leichter einer Frau, die eines Weibchens leichter einem Mann gelinge, wie Ochsen sich von der Magd besser handhaben ließen als vom Knecht. Folgerichtig, daß der Seelendunst sich nur mit einem ihm verträglichen Gewebe zum Wohlbefinden vereinigen mochte.

Daß der Vorkämpfer des neuen Realismus – und jeder ›Realismus‹ ist zu seiner Zeit neu – schon äußerlich nicht zur obsoleten und widernatürlich lebenden Menschheit würde gehören wollen, hatte der Kritiker Fontane erwartet, wie man daran erkennt, daß das Gegenteil ihn überrascht. Nicht ohne Menschenkenntnis, wie sich für diesen Dichter versteht: wie mancher Realismus hat seit Diogenes von Sinope vorwiegend aus Ungewaschenheit und Unmanierlichkeit bestanden. Besonders dann, wenn das betriebene Gewerbe den Verdacht hoffnungsloser Entfernung von der Realität nahelegte.

Fontane, der sich später vom »Hannele« empört abwenden sollte, nahm den Feinden des ersterfolgreichen Dichters den Wind sogleich mit dem rüden Zitat aus des Geheimen Medizinalraths Handbuch aus den Segeln. Doch sollte Fontane noch spüren, daß dieser ansehnliche junge Mann von gutem Schnitt gefährdet war. Aber erst ein halbes Jahrhundert später geriet der Dichter in die Nähe der Leute, von denen im gerichtsmedizinischen Handbuch die Rede war. Hauptmann braucht nicht dagegen verteidigt zu werden, nur die Umstände hätten ihn daran gehindert, unter die harmlosgesichtigen Mörder zu geraten. Allerdings, die Rolle des nationalen Olympiers wurde ihm nicht gegen Willen und Mitwirkung angetragen. Unversehens lebte er auf dem Gipfel seines Ruhms und in der Neige seiner Jahre in einer Sphäre, die von dem Typus beherrscht wurde, an den Fontane hatte denken müssen. Hauptmann sollte nichts dazu tun, nicht verwechselt zu werden.

Was Fontane zur Abschirmung des dramatischen Neuerers so geistvoll geschrieben hatte, legt sich als ominöser Schatten noch über einen Lebensweg, der den Realistenhauptmann zum Staatsdichter und Repräsentanten seiner Epoche gemacht hatte. Gerade deshalb empörte seine Zeitgenossen bis zur Erbitterung das Ausbleiben des einen klaren Worts, das ihn von Untaten geschieden hätte, die in keinem Handbuch der forensischen Medizin gestanden hatten. Doch beschreibt jener lakonische Satz des Gerichtsmediziners etwas von der Verblendung, die vom Physiognomischen ausgehen kann. Sie hatte der Dichter mit seinen Landsleuten gemein, doch als einer, der das schärfere Sehvermögen seit jenem von Fontane wohlwollend aufgenommenen Auftakt beansprucht hatte. Realismus, das war es doch, hatte er sich durch eine Bühnenrevolte nicht für alles weitere erwerben können. Zu viel Theater war jener denkwürdigen Uraufführung gefolgt.

Die ›Normalkleidung‹ nach Jägers Art war mit Fontanes ›Enttäuschung‹ nicht aus der Welt. Noch der junge Martin Heidegger trug, als er in Marburg das Katheder bestieg, einen nach Vorschrift angefertigten Reformanzug. Da war Gustav Jäger erst sieben Jahre tot.

War Hauptmann einer von denen, die vorzeigten, was man – zumindest auf Bühnen – noch nicht gesehen hatte, so war ›der kleine Zauberer von Meßkirch‹ – wie er mit Spitznamen genannt wurde – einer, der *vor den Hörern verschwinden ließ, was er eben noch vorgezeigt hatte*, wie Karl Löwith in seinem Bericht »Mein Leben in Deutschland vor und nach 1933« geschrieben hat.[8] Da ist auch die inszenierte Ungewöhnlichkeit geschildert, mit der ein anderer Neuerer einen anderen ›Realismus‹ des Daseins als Sorge, der Alltäglichkeit und des Man auf den Weg zum unüberbietbaren Letzten, dem ›Sinn von Sein‹, brachte. Dies alles wäre zum Verschwinden gebracht worden wie das Seiende, wenn es jemals zu dessen Sein selbst und als solchem gekommen wäre. Aber, wie Löwith sagt, dieser kleine Zauberer ließ nur verschwinden, ohne dafür etwas hervorzuzaubern. Und, wie alle Zauberer, brauchte er Distanz, sich nicht zu genau auf die Finger sehen zu lassen: *Er forderte auch noch selbst diesen Abstand heraus durch das Ungewöhnliche seiner Kleidung: eine Art Schwarzwälder Bauernrock mit breiten Aufschlägen und einem halb militärischen Kragen und dazu Kniehosen, beides aus dunkelbraunem Tuch – eine ›je eigene‹ Kleidung, die das ›man‹ vor den Kopf stoßen sollte und die wir damals belächelten, aber noch nicht als eine eigenartige*

8 Karl Löwith, Mein Leben in Deutschland vor und nach 1933. Stuttgart 1986, 43.

Zwischenlösung zwischen dem bürgerlichen Anzug und der Uniform der S.A. erkannten. Diese letzte Assoziation mag dem Entstehungsdatum des Berichts, 1940 in der Emigration in Japan, zuzuschreiben sein. Der Rektor Heidegger im Freiburger Dienstzimmer des Rektors, wo ihn Löwith zuletzt gesehen hatte – ausgenommen eine Begegnung in Rom 1936 –, war durch den Ruf nach Berlin als Nationalphilosoph approbiert, wie Hauptmann als Nationaldichter, und eben darin dem Realismus entrückt, der ihn instand gesetzt hätte, den Gesichtern und der Fassade nicht zu trauen, die ihm alles der Jugendbewegtheit zu gleichen scheinen ließ, die auch sein Naturburschenauftritt als Zeitgeistgefälligkeit angeboten hatte. Die Verführbarkeit des Philosophen ist der des Dramatikers so unähnlich nicht: Bis an die Grenze der Gewaltsamkeit des großen Worts setzen beide sich gegen den Verdacht zur Wehr, aus Beruf oder Umgebung für bürgerliche Illusionsbereitschaft anfällig zu sein. Das Theater, von dem und an dem man ›seine Welt‹ hat und behalten wird, ins Unrecht alles bisher Geschriebenen und Gespielten zu setzen – oder die ›positiven Wissenschaften‹ des Verrats und der Vergessenheit ihres Ursprungs und ihrer Bestimmung mit dem Pathos des Bußpredigers zu bezichtigen –, diese beiden Präzeptorenattitüden lassen schwer ertragen, eines Tages nicht mehr das Recht dieses Tages zu haben.

Keine Promethiden mehr

Es wird davon abgeraten, noch auf Prometheus hinzublikken. Er hätte den Menschen das Feuer und die Sorge gebracht, aber auch den Übermut gegen die Götter.

Rezeption kann auch diskreditieren. Das neunzehnte Jahrhundert hatte seine Triumphe von Wissenschaft und Technik als letzte Konsequenz der Erschaffung des Menschen durch Prometheus gesehen. Wenn die Triumphe nicht mehr gelten sollen, gerät die Figur ihres Ursprungs mit ihnen in Verruf.

Schweigen über Prometheus ist vielleicht harmloser als der verräterische Nachweis, daß er bei einem der bedeutenden Denker der letzten Gegenwart nur ein einziges Mal erwähnt wird. Dazu noch in einem dubiosen Zusammenhang, dem des verhängnisvoll opportunistischen Ausrutschers der Freiburger Rektoratsrede Heideggers von 1933 »Die Selbstbehauptung der deutschen Universität«. Da allerdings ist der Name zentral. Er steht für jene Art von ›Anfang‹, die mit dem ›Willen zum Wesen‹ zu tun hat. Vom ›Wesen‹ ist überwältigend viel die Rede, und Prometheus vertritt es: *Bei den Griechen ging ein alter Bericht um, Prometheus sei der erste Philosoph gewesen.* Das ist er zwar nicht in der Tragödie des Aischylos, doch nähert ihn Heideggers Übersetzung dem so an, daß er etwas über das ›Wesen des Wissens‹ sagen kann: es sei *weit unkräftiger denn Notwendigkeit.* Trotz und Theorie werden verwechselbar. Prometheus ist einer, der die ›Entschlossenheit zum Wesen des Seins‹ aushält.

Der Gott der Schmiede und Töpfer, der Keramiker der Menschen, beladen mit der Sorge um ihr Überleben, ist vergessen – wie in »Sein und Zeit« die Beschreibung des menschlichen Daseins als Sorge wieder vergessen werden sollte beim Erreichen der Antwort auf die Frage nach dem ›Sinn von Sein‹. Die Mythologie hatte freilich den ›Theoretiker‹ Prometheus als ein barbarisches Mißverständnis erkennen lassen: Der auf der Höhe des Kaukasus an den Felsen gekettete Titan sieht aus wie einer, der die Ruhe und Muße unnützer Weltbeschauung erreicht hat.

Warum war Prometheus im Werk dieses Philosophen nicht früher erwähnt worden? Die Antwort ist sehr einfach: Weil es für ihn eine Ersatzfigur gab. Schon im Sommersemester 1925 hatte Heidegger in Marburg eine Fabel des Hyginus vorgetragen, die er zwei Jahre später in »Sein und Zeit« wieder aufnehmen sollte und mit der er Prometheus durch die Allegorie der *Cura* ersetzte, den Menschentöpfer durch die Figuration der fatalen Folgen seines Titanenwerks. *Cura* stellt schon sprachlich die Verbindung von Vorsicht und Vorsorge, von Theorie und Selbsterhaltung her. Diese Substitution entschied, die Demut der Sorge anstelle des Hochmuts des Titanen zu setzen. Wie dieser bildet sie Menschen aus Lehm und gerät darüber in Streit mit Jupiter; der systematischen Gleichgewichtigkeit im Pantheon halber auch mit *Tellus*, der Erde. Saturn als Schiedsrichter entscheidet und begründet die Legitimität der Sorge im Zentrum des Daseins; doch nur für die Lebenszeit, so daß der Tod Jupiter in die Endgültigkeit seiner Rechte auf das von ihm beseelte Tongeschöpf wieder einsetzt. *Cura* arrangiert sich mit den Göttern.

Für die Rede am 27. Mai 1933 war sie unbrauchbar. Dieses eine Mal mußte die Ausnahme Prometheus gemacht werden.

Damit ist auch die Formel der Resignation für den Denker ›im Dienst‹ des Freiburger Rektorats vorgegeben: Prometheus nicht wieder zu beschwören. Die Ausnahme des Jahres 1933 wie die ihr folgende Absage an jeden Promethidenstolz erscheinen im Licht der schon früh getroffenen Vorentscheidung für *Cura*. Der Mensch ist nicht der Widerpart der Götter; er kommt ins Geviert, wird zum Hüter des Seins, dem alles ›Gestell‹ von prometheischer Art zuwider ist – und den schließlich nur ein Gott wird retten können.

Hannah Arendt hat das Schweigen über Prometheus vor und nach 1933 so verstanden, daß sich Heideggers Kehre gegen die Anmaßung und gegen den Subjektivismus seiner eigenen Auffassung vom Menschen in »Sein und Zeit« – die ihm dann nur als Sonderfall jener Anmaßung erschienen sein konnte – gewandt habe. Aber da wird verkannt, daß das frühe Hauptwerk nicht vom Menschen spricht oder sprechen will oder gesprochen haben will, sondern von Fundamentalontologie und in der Frage nach dem ›Sinn von Sein‹ bereits die Unterordnung der Frage des Menschen nach sich selbst beschließt oder dekretiert.

Das konnten nicht die Promethiden sein, wenn sie bereit waren, nach dem Sinn des ganz Anderen zu fragen, statt nach dem Sinn des eigenen Lebens. In dem Verzicht, nach dem Sein statt nach sich selbst zu fragen, steckt schon der neue Dienst eines Seinshüters. Als zentrales Phänomen des Daseins war die Sorge eben nicht, was in Ausübung einer von Prometheus verliehenen Kompetenz abgearbeitet werden kann: Sie blickt auf den Tod, der sich jeder technischen Besorgung entzieht, auch wenn diese alle anderen Daseinssorgen zum Verstummen gebracht haben sollte.

Ein Wesen der Sorge fragt nicht aus Übermut danach, was es mit ihm auf sich hat. Es tut auch dies aus Sorge und immer im Hinblick auf das, was es nicht selbst ist, sondern wodurch es ist. Darin eben hatte sich Heidegger gegen den Meister der Phänomenologie aufgelehnt, der das Subjekt unter den Primat der theoretischen Anschauung und auf die Position des Zuschauers stellen wollte. Die Sorge ist der endgültige Widerspruch gegen die Möglichkeit, Zuschauer des eigenen Daseins zu sein.

Wiederum Hannah Arendt hat in ihrem Nachlaßwerk »Vom Leben des Geistes« darauf hingewiesen, daß Heidegger 1947 im »Brief über den ›Humanismus‹« erstmals öffentlich von seiner ›Kehre‹ gesprochen habe.[9] Da ist sie eine Wendung gegen das Hauptthema des Willens und hin zu dem der Beziehung zwischen dem Sein und dem Menschen. Heideggers Einstellung zum Willen habe ihren Höhepunkt in seinem leidenschaftlichen Eintreten für das Wollen des Nichtwollens gefunden. Erwachsen sei dieses unmittelbar aus der Auseinandersetzung mit Nietzsche, wie sie sich in dem erst 1961 erschienenen zweibändigen Werk spiegelt, das auf Vorlesungen der Jahre 1936 bis 1940 zurückging. Anhand dieses Werkes lasse sich sogar jene ›Kehre‹ noch genauer lokalisieren: Sie müsse zwischen den Überlegungen des ersten und denen des zweiten Bandes erfolgt sein. Da erst wandle sich die Bewertung Nietzsches von einem Mitvollzug zu einem *gedämpften, aber unverkennbar polemischen Ton.*

Was das bedeutet, läßt sich leicht als Wendung gegen den Willen zur Macht bestimmen. Ob darin auch eine Revision der eigenen Voraussetzungen für den Akt des Jahres 1933 liegt, wird man Hannah Arendt nicht in dieser Form bestätigen wollen: *Für Heidegger ist der Wille zum Herrschen eine Art Sündenfall, dessen er sich selbst schuldig befand, als er seine kurzdauernde Vergangenheit in der Nazibewegung aufzuarbeiten versuchte.*[10]

Wie wünschenswert oder auch nur belehrend Konversionen in Gestalt öffentlicher Kundmachungen sind, sei dahingestellt; dem Verständnis eines Lebenswerks verstellen solche Vermutungen den Zugang zu der immerhin näherliegenden Annahme, es könne einer selbst als Kehre empfunden und als Bruch gedeutet haben, was für eine methodisch diszipli-

9 Hannah Arendt, Vom Leben des Geistes, Band II. München 1979, 165.
10 A. a. O. II 164 f.

nierte Betrachtung dennoch eine Form der Konsequenz wäre. Es kann doch nicht übersehen werden, daß das unvollendet liegen gebliebene »Sein und Zeit« einen ungesättigten Bedarf des Weiterdenkens unter Vermeidung von dort angelegten Schwierigkeiten, Holzwegen und Sackgassen hinterließ.

War denn wirklich die Freiburger Rektoratsrede ein Manifest der *Anmaßung des Menschen* gewesen, von dem die Kehre dann die endgültige und entschiedene Abwendung gebracht hätte? Bei aller Ärgerlichkeit der Rektoratsrede – auch als eines schwer erträglichen Stückes von Sprachschwulst – darf doch nicht übersehen werden, daß das Scharfmacherisch-Dienstfertige nicht überwiegt, sondern in eine Wolke von Demutsphrasen gegenüber schwer bestimmbaren Instanzen eingehüllt ist, die Bindung, Fügung, Verwurzelung, Auftrag, Prägekraft und anderes bereithalten, was nur durch Unterwerfung beantwortet werden kann.

Wo von *Offenbarkeit der Übermacht aller weltbildenden Mächte des menschlichen Daseins* die Rede ist, wird ›Aussetzung‹ in die *äußerste Fragwürdigkeit des eigenen Daseins* zum zwar geschwollenen, doch kaum titanischen Korrespondenzstück. Was hier ›Selbstbehauptung‹ genannt wird und die *schärfste Gefährdung des Daseins inmitten der Übermacht des Seienden* zur Herausforderung hat, ist doch nichts anderes als jene alte ›Sorge‹, in der sich die Selbsterhaltung als Definition des Lebens verborgen hatte. Und was im akademischen Jahresakt als ›Dienst‹ eine zweideutige Rolle spielt, kehrt – ich kann mir nicht anders helfen – in den späteren und milderen Ausdrücken des Dankens statt des Denkens und des Hütens statt des Sorgens wieder: als Grundgebärde einer entchristlichten Demut.

Vergessen wir eines nicht: Mancher andere Autor hätte sich mit den vielen Doppeldeutigkeiten dieser Rede nach dem Zusammenbruch auf die List der Sklavensprache hinausgeredet und darin eine Menge ›Widerstand‹ nachzuweisen gewußt.

So wäre also die Wendung gegen den ›Subjektivismus‹ von »Sein und Zeit« gerade und schon in der Mißgestalt der Programmatik von 1933 erfolgt? Nur wenn man wirklich im Frühwerk, gegen die ausgesprochene Intention des Verfassers, mit Hannah Arendt eine *Konzentration dieses Buches auf die Existenz, die Seinsweise des Menschen* wahrnehmen dürfte. Aber, hat sich nicht da die zur Philosophie spät zurückgekehrte Politologin einen Sünder geschaffen, um dessen Bußfertigkeit und Bekehrung begrüßen, wenn nicht feiern zu können?

Tatsächlich ist die Schwäche dieser Figur nicht ihr Wille zur Herrschaft, sondern ihre Bereitschaft zur Unterwerfung – wo noch nicht unter das Sein selbst, da doch unter allerlei Platzhalter, wie die von Anfang und Ursprung, Wesen und Schicksal ausgehenden Verfügungen, denen nichts anderes als Fügung zuzuwenden ist. Auch wenn diese alsbald eine schwächliche Kehrseite von ›Führung‹ vorweist. Ein Begriff von Wissenschaft wird weder erfaßt noch entworfen: von ihm wird man ›ergriffen‹ und hat es zu bleiben.

Das ist der Prometheus, der von der Schwäche der *technē* gegenüber der *anankē* spricht, unter der Heidegger verstanden wissen will: *Jedes Wissen um die Dinge bleibt zuvor ausgeliefert der Übermacht des Schicksals und versagt vor ihr*. Da konnte sein Auditorium unter dem Stichwort ›Entschlossenheit‹ Neues nur heraushören, wenn es »Sein und Zeit« nicht gelesen hatte. Jenes Sein allerdings mußte unvermeidlich unter den Verdacht geraten, es sei von so gesuchter und dann peinlicher Unbestimmtheit eigens für Besetzungen durch den Zeitgeist.

Die Entscheidung dazu war schon in der Marburger Zeit, wenn nicht schon mit der Rezeption von Brentanos Buch über die Vieldeutigkeit des Seienden bei Aristoteles gefallen.

Sie bestand eben in dieser Heraushebung der Frage nach dem ›Sinn von Sein‹ als der ersten, schließlich der einzigen Frage, die von der Philosophie übrigblieb, da sie diese selbst überfordert hatte und im Inbegriff aller ihr möglichen Leistungen hinter sich ließ. Daß ihr Vollzug über das Dasein des Menschen als des einzigen – einzig bekannten – Trägers von Seinsverständnis führte, erwies sich schon deshalb als eine allerdings unvermeidliche Verlegenheit, weil dieses Durchgangsobjekt zur Fundamentalontologie sich sein Seinsverständnis *zumeist und zunächst*, in der Alltäglichkeit und Uneigentlichkeit, selbst vorenthält.

Es erforderte daher fast so etwas wie eine List, ihm sein ontologisches Besitztum abzugewinnen, aus den Verdekkungen auszugraben. Diese mußten verwickelt und nahezu undurchdringlich sein. Sonst hätte die Geschichte der Metaphysik, als der Verfehlung des Themas auf weiten Umwegen, den bevorzugten Hüter des Seinsverständnisses ganz und gar unglaubwürdig gemacht. Diesen Einwand zu beheben, gelang oder mißlang erst, als nicht mehr die Alltäglichkeit, sondern die Seinsgeschichte selbst dafür aufzukommen hatte. Aus dieser kam nun das ›Gestell‹ als das Leitfossil der Seinsverborgenheitsepoche, und kein Prometheus wäre mehr möglich und nötig gewesen, um den *homo faber* mit seinem verfehlten Selbstverständnis einer noch unfertigen Welt auszustatten.

Das jeweils Vergessene

Aus der Sicht ihrer Assistenten sehen Professoren aus wie Leute, die etwas vergessen haben.

Und natürlich haben sie es. Ohne die Kunst des Vergessens einigermaßen zu beherrschen, ist in der Wissenschaft kein Staat zu machen. Daraus ergibt sich die Kompetenzverteilung. Den Jüngeren bleibt das kräftigende Erlebnis überlassen, ans jeweils Vergessene zu erinnern.

Heidegger hat erzählt, wie es ihm mit Husserl ergangen war. Diesen hatte man für Juni 1922 zu Vorträgen nach London eingeladen. Frau Malvine, die den Assistenten ihres Mannes nach der Erinnerung von Jaspers ›das phänomenologische Kind‹ zu nennen beliebte, hatte die Reise vorbereitet, als sei die phänomenologische Reduktion der Weltexistenz auf dieses Unternehmen zu transponieren. So hatte denn auch Husserl bis zur letzten Stunde vor der Abfahrt an den vier Vorträgen gesessen und noch auf dem Weg zum Bahnhof absolutes Bewußtsein und Natur gegeneinander abgewogen. Auf dem Bahnsteig, bei hörbar herannahendem Zug, rafft sich der Assistent auf, das von ihm Vermißte anzumahnen: »Herr Geheimrat – und die Geschichte?« – »Ja, die habe ich vergessen ...«, war die Antwort, das Letzte vor der Abfahrt des Zuges.[11]

Fast ein halbes Jahrhundert später eröffnet Hans Jonas am 1. September 1969 den Kongreß für Klassische Philologie in Bonn mit dem Vortrag »Vom Grunde der Verstehbarkeit des Geschichtlichen«. Ein Augenblick später Genugtuung für

11 Heinrich Wiegand Petzet, Auf einen Stern zugehen. Frankfurt 1983, 86: Notiz über ein Gespräch mit Heidegger am 27. April 1952 in Icking. – Karl Jaspers, Philosophische Autobiographie. München 1977, 92.

den philosophischen Entdecker der Gnosis im verlorenen Land seiner Geburt und seiner Lehrzeit bei Bultmann und Heidegger. Anschließend an die Eröffnung, am Rhein spazierend, berichtet Jonas etwas, das zu den verborgenen und dennoch großen Ereignissen in der Geschichte der Philosophie gehört. Er hatte gerade seinen Lehrer Heidegger besucht, zum ersten Mal nach dem Ende des Krieges, ihm auf diese noble Weise, wie man es nicht anders sagen kann, das Ende der Vergangenheit geschenkt.

Um die Wendung des Berichts zu verstehen, muß man sich vergegenwärtigen, daß Jonas in den fast vier Jahrzehnten der Entfremdung zu seinem Lehrer den weiten Weg von der Gnosisthematik zum »Phenomenon of Life« (1966) zurückgelegt hatte. Da lag es nahe, Heidegger die Distanz der Welten nach dieser Zäsur mit der Vorhaltung kenntlich zu machen, er habe in »Sein und Zeit« (1927) bei der Analytik des Daseins vom Leib kein Wort gesagt. »Ja, das habe ich immer vergessen«, sei die Bestätigung gewesen.

Was Hans Jonas, als er dies hörte und erzählte, nicht bekannt sein konnte, wird den Betrachtern einer späteren Zeit auffallen: Heidegger hatte Husserl zitiert.

Ein Instinkt der Uneigentlichkeit?

Die meisten könnten sich den eigenen Tod nicht vorstellen, er sei für sie nicht vorhanden, notiert Ernst Jünger am 3. August 1980 ins Tagebuch. So weit nach Heidegger. Dann aber fügt er hinzu: *Ein guter Instinkt*. Das ist ein Zusatz, der mit der Uneigentlichkeit so wenig zu tun haben will wie mit dem Todestrieb.

Aber ist das alles richtig: jene Uneigentlichkeit, dieses Nichtwahrhabenwollen, die Vorstellungsunfähigkeit, die Unvorhandenheit? Sofern damit gemeint sein könnte, die eigene Sterblichkeit auf Anfrage zu bestreiten oder zu bezweifeln, wäre das ein Unsinn, den keiner begeht; gegen den sich zu wenden daher unsinnig wäre. Gemeint soll sein: eine Art der ›bürgerlichen‹ Vergeßlichkeit, wie in Heideggers noch jugendbewegtem Hauptwerk; für Jünger eher eine Art heroischen Wegsehens aus gutem Instinkt. Bei diesem könnte alles darauf angelegt sein, sich frei zu halten von einem lästigen und überflüssigen Zuschuß des Bewußtseins, um sich auf das einzustellen, was sonst entmutigt, vergiftet, gedemütigt würde. Die kriegerische Tugend, dem Tod ins Auge zu sehen, mag bei Jünger unvergessen sein; sie greift nicht mehr ins alltägliche Leben, das sich allemal das Recht zu dieser Vergeßlichkeit durch bekannte und unbekannte Risiken erworben hat.

Das ist nicht selbstverständlich in einer Zeit, die sich andere Formen ersonnen hat, dem Tode ins Auge zu sehen – oder besser noch: andere ihm ins Auge sehen zu lassen. Gerade ist man auf den martialischen Einfall gekommen, zum Inbegriff der ärztlichen Standespflicht gegenüber den schon Angefressenen und Verlorenen die ›rückhaltlose Ehrlichkeit‹, die nüchterne ›Aufklärung‹ zu machen. Als ginge es darum, die

Welt angesichts der letzten Dinge auch individuell noch in Ordnung zu bringen, wie bewegte Apokalyptiker es allerorten für das Ganze sich unterfangen. In einer solchen Phase der Verrückungen des Zeitgeists ist ein jeder Rücksichtslosigkeit unverdächtiger Zeitgenosse zu hören mit dem Lob eines sonst verächtlichen Selbstbetrugs des Lebens zugunsten seiner Unbedrückbarkeit. Dazu gehört nicht weniger Mut als ein halbes Jahrhundert zuvor bei den Pathosformeln der »Stahlgewitter«.

Von den Absagen an die heroische Attitüde ist dies die schlichteste. Sie läßt das halbe Jahrhundert seit den Tagen des »Arbeiter« als Gelebtes spüren. Dennoch bleibt da eine erstaunliche Ungenauigkeit. Von den ›meisten‹ ist die Rede: Das sind recht viele, aber nicht genug. Es sind alle, die nicht können, was jenen ›meisten‹ abgesprochen wird. Damit ist freilich nicht richtig, daß der im Lebensvollzug verleugnete Tod geleugnet würde. Er ist vorhanden durch das Wissen, daß alle sterben müssen. Aber Wissen ist wenig, man muß es auch glauben können. Niemand kann glauben, daß es mit ihm einen Anfang genommen hat und ein Ende nehmen wird. Das liegt im Wortsinne ›außerhalb der Reichweite‹ unseres Bewußtseins. Wir waren nicht dabei, als wir anfingen, und wir werden nicht dabei sein, wenn wir enden. Jeder erfährt es nur indirekt: Alle anderen haben Anfang und Ende, und man hat auch ihm bescheinigt und wird es ihm bescheinigen, dies sei bei ihm nicht anders.

Jünger gibt sich als Epikureer, wenn er es einen ›guten Instinkt‹ nennt, den Tod für sich nicht vorhanden sein zu lassen. Dabei ist der Epikureer Jünger niemals recht gelungen. Es gab bei ihm eine Art pathologischer Besorgtheit, die Intensität des Daseins nicht verspüren zu können, ohne sich dessen Gefährdungen auszusetzen. Aber keine Gefahr bringt die Möglichkeit näher, die eigene Nichtexistenz zu denken – im Gegenteil, die bestandene Gefahr steigert die

Erlebnisfähigkeit, und um diese geht es, wenn ›Abenteuer‹ soll werden können, was den Anschein der Harmlosigkeit trägt. Epikur hatte nicht an einen Instinkt denken mögen. Sonst hätte er nicht zum Ratschlag einzuübender Lebensform gemacht, der Tod sei für nichts zu halten, denn wir seien nicht mehr da, wenn er da sei, und umgekehrt.

Dabei ist es die reine Ökonomie, die es dem Menschen aussichtslos erscheinen läßt, sein Leben vom Standpunkt des Todes her zu betrachten und zu bewerten. So glücklich wie darin war er nur gewesen, als er sein Leben nicht vom Standpunkt seiner Pränatalität her betrachten und bewerten mußte, um sich allererst daraufhin für oder gegen das Bevorstehende zu entscheiden. Was ›guter Instinkt‹ heißen mag, zeigt sich im Kontrast an denen, die besessen sind von dem bohrenden Gefühl, das Leben nicht genug genossen zu haben und deshalb allerlei tun zu müssen, diesem Mangel abzuhelfen. Der aber bleibt in jeder Minute des Daseins derselbe.

Die Geschäftigkeit aus unbehebbarem Versäumnisgefühl vertreibt gerade das, was man hatte nicht vertrieben, sondern intensiver ausgeschöpft wissen wollen. Guter Instinkt ist das Ausweichen vor der Vergegenwärtigung eines Zukünftigen, das keine Zukunft hat. Schon deshalb nicht hat, weil es dem Bedürfnis des Lebens widerspricht, sich eine Vorstellung von seiner äußersten, ja absoluten Überflüssigkeit zu verschaffen und zu unterhalten. Der Sinn des Lebens – welcher immer es sein mag – besteht jedenfalls nicht darin, zur Disposition der Anschauung als eines Ganzen zu stehen – selbst dann nicht, wenn der Entschluß gegen das Leben gefallen ist. Das schafft schon deshalb keine neue Beweislage, weil dieser Entschluß am wenigsten aus der Vorstellbarkeit des eigenen Nichtseins heraus erfolgt. Der Tod bleibt unvorhanden noch für den, der seine *causa efficiens* schon in der Hand hält.

In all diesem scheint der Phrase vom ›guten Instinkt‹ zugestimmt zu werden. Aber auch mit Recht? Zunächst war zu erläutern, was sie überhaupt bedeuten kann. Den anthropologischen Bezug dieser Vorstellung zu gewinnen, heißt freilich auch, ihre Qualifikation nicht durch Beschränkung auf eine Teilmenge oder durch Gegensätzlichkeit zu einem ›schlechten Instinkt‹ entstehen zu lassen. Jünger ist bei einer seiner lebenslangen Vorlieben geblieben, Auszeichnung nur an dem sehen zu können, was wenige – oder, wie in diesem Falle, zwar die meisten, aber niemals alle – haben. Natürlich ist richtig, daß der Sinn einer Auszeichnung sich verliert, wenn zu viele sie tragen; aber eine Auszeichnung braucht eben nicht zu sein, was im Falle seines Fehlens pathologischer Mangel wäre. Deshalb ist es deskriptiv zuverlässiger, nicht vom ›guten Instinkt‹ zu sprechen. Es verleitet dazu, solches Talent sich überrascht zuzurechnen und nach denen zu suchen, denen es nicht zuzugestehen wäre.

Dabei ist, was sich nach Eminenz anhört, nichts weiter als eine gnädige Unfähigkeit. Sie hat mit dem Wesen des Bewußtseins selbst zu tun, sich nur unter Entzug seines Anfangs wie seines Endes in einer perspektivischen Unendlichkeit begreifen zu können, da jeder seiner Inhalte andere voraussetzt wie andere nach sich zieht, keiner einer Ordinalzahl sich zuordnen ließe. Wir wären unfähig zu jeder Zeitgegenwärtigkeit, hätte sie nicht ihren unbestimmten und unbegrenzbaren Vorspann wie Nachspann. Eben das war ja für Heidegger der Grund gewesen, dem Zeitbewußtsein der Alltäglichkeit nicht zu trauen, in ihm vielmehr die Verdekkung und Verhüllung gegen ein ›eigentlich‹ ekstatisches Zeitbewußtsein zu sehen, das aus seiner Gegenwärtigkeit immer schon heraus und sich voraus ist, kraft dessen auch ein ›Sein zum Tode‹ tragen könnte. Wenn das die ontologische Wahrheit des Daseins wäre, diskriminierte sie freilich die Unvorstellbarkeit des eigenen Todes als ›Uneigentlichkeit‹.

Gegen diesen zeitgeisthaften Kunstgriff, die Normalität des Daseins als dessen ontologische Uneigentlichkeit abzuwerten, mag die Rede vom ›guten Instinkt‹ ein halbes Jahrhundert nach »Sein und Zeit« hinnehmbar sein. Sonst bliebe zu vorläufig, deskriptiv zu bedenklich, so zu benennen, was das nach Gut oder Ungut nicht validierbare ›Wesen‹ ist. Dessen sind alle teilhaftig, welcher ›Eigentlichkeiten‹ sie sich auch für fähig halten mögen, wenn sie ihre ebenso erstaunliche wie tröstliche Beschränktheit im Unbeschränkten wahrnehmen – oder auch nur hinnehmen.

Womit bezahlt wird

Das Verhältnis der Philosophie zu den positiven Wissenschaften ist nach dem Neukantianismus – und wohl durch diesen ausgelöst – von einer pathetischen Erbitterung, die über alle Kritik hinausgeht. Verständlich ist: Da war das ›Faktum Wissenschaft‹, und mit ihrer nachgeordneten Anstrengung, der Wissenschaft die Bedingungen ihrer Möglichkeit nachzuweisen, war die Philosophie in den Dienst eines Faktums getreten. Lebensphilosophie, Phänomenologie, Fundamentalontologie waren entschiedene, wenn auch verschiedene Versuche, sich von dieser Dienstbarkeit zu lösen und der Philosophie eine ebenso autonome wie authentische Aufgabe zu sichern.

Erklärt das die Erbitterung? Wohl nicht. Es ist eher der Typus des Wissenschaftlers, der den Philosophen mit Abneigung erfüllt. Bei Husserl ist es die ›Technologie‹ des Logikers, der aus Unverstandenem das Regelwerk aller Theorie herauszieht, was ihn sich abwenden ließ. Was man bei Heidegger erfaßt, ist der Mangel an Existentialität, der den Typus des Wissenschaftlers nicht vom schulmäßig-akademischen Philosophen unterscheidet, dem Logiker etwa: dieser komme *nie in Gefahr, mit sich selbst bezahlen zu müssen.*[12]

Eine seltsame Metapher. Sie läßt die positive Wissenschaftlichkeit als Ausprägung der ›bürgerlichen‹ Grundform des Sicherheitsbedürfnisses erscheinen: sich selbst zurück- und vorbehalten, um dieses Manöver durch alles andere abschirmen zu lassen. Wissenschaft als Lebensform erlaubt und begünstigt das, ohne sich nach Leistung und Ertrag zu ver-

12 Martin Heidegger, Logik (Gesamtausgabe Band 21), 12.

ändern. Mehr noch: sie ist dafür die geeignetste Uneigentlichkeit. Sie hat die Welt ganz und gar als potentiellen Gegenstand sich auf Distanz gebracht. Man ist die Ausnahme, um nicht in den Ausnahmezustand geraten zu können.

Muß man das so sehen? Kann nicht diese Art von Selbsterhaltung durch theoretische Distanz dem Ideal der Vermeidung entfremdeter Arbeit, in der das Subjekt sich aufgeben und von sich selbst entfernen muß, exemplarisch genügen? Wendet man Heideggers Formel von der Verweigerung der Bezahlung mit sich selbst ins Positive, so macht sie zum Inbegriff, was die Kritik verkaufter und gekaufter Arbeit aus der Welt bringen wollte: das Subjekt mit eingehen zu lassen in die peripherische Nötigung durch seine Objekte. Unverkennbar tendiert die Idee der Existentialität dahin, zur Höhe ihrer Eigentlichkeit zu erheben, was auf der anderen Seite des sozialen Prospekts als der Inbegriff von Verwerflichkeit definiert worden war – eben, mit sich selbst bezahlen zu müssen, statt nur mit Leistung und Ertrag, die das Subjekt statt seiner in den Tausch für seine Lebensbedingungen gibt.

Denn: Nicht mit sich selbst zu bezahlen, heißt eben, mit anderem zu bezahlen. Allerdings mit solchem, von dem man auch in jedem Fall sicher sein kann, daß es angenommen wird. Diese Bedingung gilt, und darin liegt die Schikane, keineswegs für den, der mit sich selbst bezahlt. Er hat nicht die Garantie für den Standard seiner selbst als ›Währung‹. Nach dem Verständnis der Existentialität liegt hierin die Intensität dieser Lebensart, das Risiko bestehen bleiben zu lassen, für sich selbst nichts zu bekommen. Davon spricht immer nur, wer sich selbst für einen hält, der seinen Gegenwert schon in der Hand hat: das Sein statt des Seienden, die Eigentlichkeit statt der Alltäglichkeit. Diese Sprachform ist wesensmäßig nur *post festum* glaubwürdig.

Vom Geld war nicht die Rede. So deutlich sollte das Instrument der Distanz zu den Objekten, das Substitutionsmittel anstelle der Bezahlung mit sich selbst, nicht ins Spiel gebracht werden. Aber angespielt ist darauf durchweg. Kierkegaard hatte das Formular entworfen, als er 1851 ins Tagebuch eine Bemerkung über Eugène Sue eintrug, dieser habe die Sache der Armen zur Sprache gebracht – und daran eine halbe Million verdient. Dazu sei gesagt worden, *sonst wäre er ja auch verrückt, es zu tun*. In der Antike und im Mittelalter hätte man sich so nicht benommen: da sei viel mehr Sinn gewesen *für die existentielle Durchsichtigkeit*. Existentialität ist Transparenz, unmittelbare Deckung von Erscheinung und Sein als Lebensnorm. Jener erfolgreiche Verwechsler von unterhaltender Gefälligkeit und motivierender Dringlichkeit ist Prototyp der Uneigentlichkeit. Er macht das große Thema zum Mittel eines schnöden Nebenzwecks: *Da wird wesentlich nichts getan gegen die Armut, sondern da wird ein neuer Weg, reich zu werden, entdeckt.* Der Denkfehler ist, daß der Erfolg der »Mystères de Paris« gerade durch den Nebenzweck den Hauptzweck befördert, indem das Publikum dieser neuen Thematik ausschließlich durch die Geschicklichkeit ihrer Darbietung affiziert und in seiner Aufmerksamkeit umgelenkt wird. Es ist nicht einmal gleichgültig, daß die Tantiemen des Autors so viele Stellen haben; das ist nichts anderes als der schlichte Beleg dafür, welche Resonanz sein Thema gefunden hatte. Durchsichtigkeit hätte bedeutet zu sagen: Ich rede von der Armut der anderen und meine den eigenen Reichtum. Der Autor hätte ›mit sich selbst bezahlt‹. Aber auch nur von sich selbst gehandelt, und das Thema seines Publikums wäre nicht das seines Buches, sondern das von dessen Autor gewesen.

Die Idee der Existentialität hat uns eine Wendung des Interesses für diejenigen aufgenötigt, die sich mit der Verpflichtung quälen, durchsichtig zu sein – und *nolens volens* interessanter zu werden als ihre ›Sache‹. Man denke an Sartre: Auf den Straßen von Paris »La cause du peuple« verkaufend, machte er das Thema Sartre, nicht das der ›Sache des Volkes‹. Da bezahlt einer mit sich selbst; aber seine Ausgaben werden die Raritäten, auf die sich alles Interesse konzentriert.

Der Physiker und Philosoph Professor Moorsom[13], die große Mode der Gesellschaft, taucht im Archipel mit seiner Tochter auf, um deren verschollenen Verlobten zu suchen. Renouard, der ›Seiden‹pflanzer, wird vom Redakteur der einzigen literarischen Zeitung der Antipoden auf den Professor als eventuellen potenten Partner für sein Produkt hingewiesen. Es gab bereits auch hier Moorsomianer oder Moorsomiten. Renouard wittert sofort: »Ein Scharlatan!« Nein, eher ironisch angehaucht (also ein Zyniker?). Renouard soll Moorsom für seine Sache interessieren. »Einen Philosophen?« Er werde sich nebenher fürs Geld interessieren, immerhin habe er sogar aus seiner Philosophie Geld gemacht ...

13 Joseph Conrad, Der Pflanzer von Malata. In: Im Wechsel der Gezeiten. Frankfurt 1983, 29.

Der Parteibeitrag

Schon bald nach dem Ende des Zweiten Weltkriegs haben die Spruchkammern der ›Entnazifizierung‹ zu begreifen begonnen, daß der Parteibeitritt nicht zu jedem Zeitpunkt dasselbe bedeutete und dieselbe Belastung nach sich ziehen konnte. Die niedrige Mitgliedsnummer des mit dem Hauptprogrammpunkt »Brechung der Zinsknechtschaft« damals Sympathisierenden – und wer könnte der Brechung von Knechtschaften die Sympathie entziehen, zumal wenn es mit Geld zu tun hatte? – hatte zwar die Gloriole des ›Alten Kämpfers‹ verliehen, aber auch die nachsichtig lächelnde Unterstellung, daß ein solcher womöglich für ganz anderes ›gekämpft‹ hätte, als er im späten Genuß der frühen Komplizenschaft noch hätte aussprechen mögen. Anders der trotz Reichstagsbrand und Ermächtigungsgesetz, trotz Auflösung anderer Parteien und brutaler Maßnahmen zum ›Schutze von Volk und Staat‹ zum eiligsten Einschwenken und zum Eifer des Proselyten bereite Vorteilsnehmer. Wiederum anders der um bloße Vermeidung der Auffälligkeit besorgte Spätbekehrte, in Torschlußpanik durch die Stabilisation der inneren und vor allem der äußeren Erfolge, der sich die Unauffälligkeit wenig kosten zu lassen meinte, aber auch keinen Zugewinn an Privilegien oder bei Verteilung der Beute erwarten durfte: als Mitläufer schon verachtet, bevor es diese Einstufung durchs Tribunal gab. Die Differenz der Grade von Unharmlosigkeit war groß.

Wie ist nun zu bewerten, wenn einer seinen Parteibeitrag bis zum Ende brav bezahlt hatte? Es war im Maße der Wahrnehmungsfähigkeit ein Skandal, im ersten Jahr der Macht den Anschluß an die Sieger zu suchen; aber jede Änderung dieses Anschlusses hätte eine Auffälligkeit zugezogen – und dies abhängig von der sonstwie schon erreichten Prominenz –, die sich niemand wünschen konnte, der nicht zu jedem Risiko bereit war. Die Frage nach den Folgen ist müßig; die Furcht vor ihnen bestand vor allem darin, daß nirgendwo stand und keiner genau wußte, was die Folge sein könnte oder am übernächsten Tag sein würde. Verlaß auf Negativbeispiele gab es nie: Alles konnte jedesmal anders auslaufen. Die meisten von denen, die nach 1945 für sich den Parteiaustritt beansprucht haben, waren nur der Parteibürokratie irgendwann bei einem Ortswechsel, Luftangriff oder Evakuierung verlorengegangen. Die nachziehende Belangung fiel den Mängeln der Organisation zum Opfer. So fiel mancher aus dem Netz sang- und klanglos und ohne ›Austritt‹, durch bloße Unterlassung der Verlängerung des Parteiausweises und daran hinterdrein belegbar. Auch waren die Blockwarte, die für die Ortsgruppen die Beiträge einzuziehen hatten (und dabei den berüchtigten Blick auf die Stelle an der Wand werfen konnten, wo das richtige Bild nicht hing, aber der Kaiser noch toleriert wurde) von wechselndem Eifer und eigenwilligen Besonderheiten. Der Blockwart, bei dem ich als ungemeldeter Kammerherr – sicher wie in der Höhle des Löwen, weil keiner zu ihm kassieren kam – untergeschlüpft war, hat seinen Block nie ›abkassiert‹; seine Frau trug dennoch die errechnete Beitragssumme – auch von inzwischen Verstorbenen oder Verzogenen – aus Angst korrekt zur Parteikasse und hatte mit dem Loch in der Haushaltskasse zurechtzukommen. Die in diesem Block Unbehelligten werden am Ende ihre Verblüffung nicht gezeigt, sondern ihre unquittierten Ausweise zum Beleg ihrer Parteidistanz vorgezeigt haben: Austritt durch Verfall.

Beitritte waren Akte von bestimmbar graduierter Verwerflichkeit, die Nichtaustritte waren Trägheitszustände, denn es kostete Kraft, sie zu verändern. Es wird mir keinen Applaus einbringen, wenn ich noch ein Wort über die Rolle der Ehefrauen anfüge. Ihre gepriesene feminine Friedlichkeit war es oft, die Folgen von Konflikten besorgte und sie den Parteisäckelmann schon an der Haustür abfangen und mit promptester Zahlung bedenken ließ. Viele Genossen haben nie gemerkt, daß und wie für sie Beitrag entrichtet wurde; doch mochten sie froh sein, das falsche Wort beim falschen Mann nicht zu riskieren. Daß sie gerade wegen solcher Reibungslosigkeit eines Tages vor einem Ausschuß peinlich verhört werden würden, ahnten sie nicht. Diese Rollenverteilung auch in der Besorgtheit gehörte zum Alltag des Systems und förderte seine Reibungsarmut.

Ich weiß nicht, ob Elfride Heidegger – um endlich auf diesen Namen zu kommen – jemals gefragt worden ist, wer im Hause den Blockwart in Empfang nahm und dem Denker vorenthielt. Wußte der, daß er immer noch zahlte? Er sollte schon tot sein, als einer ihm die Beitragstreue bis zum Ende anlastete. Wenn er wußte, daß er zahlte, mußte er dann nicht wissen, daß er die Verbrechen der Partei finanzierte? Darauf gibt es eine fast zu simple Antwort: Das System der Einheit von Partei und Staat bedingte, daß alles von allem genommen wurde, jede Untat aus jedem Topf finanziert werden konnte. Der Steuerzahler war genauso an allem beteiligt wie der Abzeichenträger der Winterhilfe oder das Mitglied des Freundeskreises Heinrich Himmler. Der Wert des Geldes bestand fortdauernd darin, daß mit ihm andere Dienstleistungen abgelöst werden konnten.

Was mich bei den Erörterungen um Heideggers Parteizugehörigkeit nun wirklich stört, ist die fatale Begeisterung der kritischen Köpfe, sobald in einem langhingehend umstrittenen Fall endlich das Geld seine Rolle zu spielen beginnt. Ein Dämon betritt die Szene, gleichgültig in welcher Richtung das Geld geflossen ist. Zudem scheint gerade die Geringfügigkeit der Beträge die Entlarvungsphantasie zu stimulieren:

Je kleiner der Beitrag, um so symbolfähiger ist er für die Relation, in der er auftritt. Das Symbol kann die Sache selbst auch quantitativ um so weniger sein, je größer sein Mißverhältnis zum Aufwand für die Sache ist, für die es steht. Die Entfernung vom reell wirkenden Quantum stellt die Disposition zum Symbolischen erst her. Was ist die Differenz der Banknote zum Gewicht ihrer einstigen Golddeckung im Vergleich zur Differenz des Parteibeitrags mit dem, was die Partei darstellte? Aber: Symbole wirken stärker als Substanzen. Die Steuermünze, mit der Jesus politisch hereingelegt werden sollte, war die kleinste. Das Symbol begünstigt Leichtfertigkeit wegen der Minimalität seines Substrats: Es ist ein Fast-Nichts. So ›bekennt‹ sich einer, fast ohne dessen gewahr zu werden – es sei denn, man wiese ihm nach, sein ganzes Denken sei durchtränkt mit der ›Substanz‹ jener Sache, der er doch nur das Symbol zuzuwenden glaubte.

Wer nach dem ›Sinn von Sein‹ fragen kann, wird von Symbolen nicht viel halten. Glaubte ich an Weltgeister, würde ich in der dem Denker ungeziemenden Leichtfertigkeit des Umgangs mit dem Symbolischen bei Fortzahlung des Parteibeitrags die Vergeltung dafür sehen, daß Heidegger den Verfasser der »Philosophie der symbolischen Formen«, Ernst Cassirer, in Davos 1929 aus der Philosophiegeschichte hinauszukatapultieren aufgetreten war. Er brauchte vier Jahre später nur noch der Partei beizutreten, um die Entscheidung von Davos für lange Zeit, bis fast zum heutigen Tage, zu vollstrecken. Aber der Beitritt war die Handlung, der Beitrag beginnt seine Rolle erst zu spielen, wenn er als Symbol ständiger Erneuerung des Entschlusses dessen Zeitdimension bestimmt: eine auf Dauerton gestellte Akklamation, deren *terminus ad quem* freilich erst posthum zum Ärgernis anschwoll.

Zweifellos ist Geld ein Symbol für Ernsthaftigkeit. Sokrates hätte den Sophisten die Annahme von Honoraren für ihre

Lehrdienste auch dann zur Last gelegt, wenn diese minimal gewesen wären und nur der Funktion gedient hätten, die Sigmund Freud dem Analytiker auferlegen ließ, keine honorarfreien Konsultationen und Therapien zu gewähren: Der Patient würde nicht ernst nehmen, wofür er nicht zu zahlen gehabt hätte. Dazu genügt das Symbol nicht, obwohl es keinen adäquaten Preis für die Leistung des Therapeuten gibt und deswegen Freuds Auflage genauso hätte sokratisch ausfallen können: das Unbezahlbare unbezahlt bleiben zu lassen.

Der Philosoph, so bleibt es gegen Heidegger stehen, muß erkennen können, wo das Symbol ins Spiel kommt; vor allem, wann er selbst symbolisch zu handeln im Begriff steht, entlastet oder verführt werden soll. Dann könnte es ihm nicht passieren, daß frenetische Begeisterung seiner Kritiker aufkommt, sobald es bei ihm um den kleinsten Geldbetrag geht. Daß gerade dieser unter der Hand umschlägt in blanke Symbolträchtigkeit, muß er gewärtigen – und sich nur mit solchen Beträgen abgeben, die den Respekt der ›kritischen‹ Intelligenz an sich reißen. Heidegger, die Inkarnation des kleinen Mannes, war wohl nicht zum ›Nazi‹, doch zum Beitragzahler wie geschaffen.

Falsche Sorglosigkeit

Aristippos, ein Schüler des Sokrates, der den Puritanismus des Meisters leid war, stand im Ruf der Bestechlichkeit, wie er nur zu leicht entsteht, wenn es den Philosophen gut zu gehen scheint. Beim bis in unsere Balladenwelt hinein gültigen Muster der Tyrannei, dem Dionys von Syrakus, bekam Aristipp sein Honorar in barem Geld, während Plato nur ein Buch bekommen hatte.

Als man diesen Unterschied der beiden Sokratiker dem Abweichler vorhielt, verwahrte er sich mit dem Satz: *Ich brauche eben Geld, und Plato braucht Bücher.*[14]

Die überlieferte Anekdote hat ihre Ironie im Gebrauch von Singular und Plural. Plato war beim Tyrannen mit *einem* Buch abgefunden worden, aber selbst Aristippos gesteht ihm zu, daß er Bücher, und nicht nur ein Buch, brauche. Beim Geld tritt diese Differenz nicht auf: Es ist auch im Griechischen ein Neutrum (*to argyrion*) und insofern indifferent gegen den Plural, als es dadurch keinesfalls *mehr* wird. Aristippos gebraucht sogar der Angleichung des Wortklangs halber diesen Plural von Geldern und Büchern: *argyriōn* und *bibliōn*.

Damit könnte es sein Bewenden haben, und es wäre entschieden, wer das Wohlgefallen der intellektuellen Nachwelt finden wird. Aber es muß wie immer, wenn Philosophen vom Geld reden, schärfer auf Vernunft gehalten werden. Die Antithese von Geld und Buch darf so nicht stehenbleiben. Denn Plato hätte für ein vergleichbares Honorar jederzeit seinem Bedarf an Büchern abhelfen können, wie Aristippos

14 Diogenes Laertius, Leben und Meinungen berühmter Philosophen, II, 81.

mit seinem Ertrag die Wünsche nach Lustgewinn zu erfüllen vermag. So schön die Apologie in einem Satz auch gebaut ist, so fadenscheinig ist das Argument. Doch muß es zur Abweisung des Vorwurfs genügt haben. Rhetorik darf so sein.

Sokrates, mag man sagen, hätte vom Tyrannen nicht einmal das Buch genommen. Aber bei ihm ist die Bedürfnislosigkeit auch Feindin der Tugend. Nicht einmal ein Buch konnte er brauchen, da er auch ohne Bücher wußte, was allein er für wissenswert hielt: nichts zu wissen. Diese viel später als vorchristliche Demut qualifizierte Genügsamkeit hatte etwas Falsches an sich. Der Dialektiker behielt schließlich immer recht. Daß keiner seiner Schüler – mochten sie ihn auch zur eigenen Erhöhung glorifizieren wie Plato – seinem Bild und Gleichnis entsprach, weckt Zweifel an der Beispielhaftigkeit. Einer, der kein Geld fürs Lehren nahm und sich dafür über die einträgliche Beredsamkeit der Sophisten erhob, schien doch angenehm genug zu leben und hätte den Tod vielleicht gescheut, wäre ihm nicht der *Mythos* vom Totengericht ein allzu gewisser *Logos* gewesen.

Aristippos gehörte offenkundig nicht zu denen, mit denen es sich für Sokrates leicht anlegen ließ. Einmal stießen sie zusammen, als das Lehrgeschäft des Schülers sichtbar florierte und Sokrates sich zu verwundern vorgab: *pothen soi tosauta*; wörtlich: Woher dir so viel? Antwort: *hothen soi ta oliga*. Wörtlich: Eben daher wie dir das Wenige.

Es klingt nicht glaubwürdig, daß Sokrates sich um die Einkünfte des Schülers gekümmert haben sollte. Aber auch als erfundener trifft der Kurzdialog etwas an Sokrates: das Schnorrerische. Er nahm nichts, aber er lebte im Medium der Wohlhabenheit seines Anhangs. Diese Grundform hat die Prätention der Armut in der weiteren Geschichte Europas noch in größerem Stil angenommen. Die Gelübde der Armut schienen den Sog unwiderstehlich zu machen, der die

Stiftungen und Nachlässe der Reichen anzog und beim Erlöschen der Sanktion des Glaubens den Sturm des Neides entfesselte, der den Staat als anonymes Neidvermeidungsorgan zum Universalerben der Heilsversicherungsdepositen machte. Doch selbst dann noch ließ sich von der bloßen Organisation der flottierenden Neidreste gut leben – und zugleich vermeiden, davon etliches auf die neuartigen Funktionärsprivilegien abzuziehen, statt es zu bewirtschaften.
So kehrt die Geschichte dorthin zurück, wo sie begonnen hat: zum Tyrannen.

Ein Bienenstich

Vom Bruder Friedrich Georg erzählt Ernst Jünger die Minimalität, die sich auf einem Spaziergang am Waldrand mit Heidegger ereignet. Man ist unter Philosophen, wie die Notiz ausdrücklich vermerkt, und *in guten Gesprächen* begriffen. Da fährt sich Heidegger mit der Hand in den Nacken, weil eine Biene ihn gestochen hat. Der Begleiter glaubt, einen tröstenden Tribut schuldig zu sein, und bemerkt, daß es gut gegen Rheumatismus sein solle. Heidegger, betroffen weniger von der Störung durch ein Stück Natur als von der Banalität des Kommentars, repliziert: *Mehr wissen Sie mir dazu nicht zu sagen?*[15]

Der Seinshistoriker war wohl entschlossen gewesen, es bei dem rächenden Schlag gegen das Insekt bewenden zu lassen. Aber der Partner eben noch so guter Gespräche hatte aus dem ›Geschick‹ ein ›Gestell‹ gemacht, ohne es zu ahnen: den Ersatz eines Medikaments. Man kann sich vorstellen, welche Senkung des Niveaus da eingetreten war. Bürgerlicher Trost für den seit Marburger Frühzeiten bemüht Unbürgerlichen. So ist alles falsch an diesem harmlosen Zuspruch, und man wird befürchten müssen, daß es an jenem Waldrand zu weiteren guten Gesprächen nicht mehr kam.

Nimmt man die Zurückweisung wörtlich, so fällt das tadelnde ›Mehr nicht‹ auf, wo man nach allem eher die Äußerung erwartet hätte, schon dies sei zu viel gewesen. Aber während man sich in einem guten Gespräch gegenseitig ermuntert, noch etwas mehr zu sagen und dies oder jenes als Stichwort dazu anzunehmen, ist die Unterbrechung des Bienenstichs schlechthin ungeeignet, anderes als Verlegenes dazu anzu-

15 Ernst Jünger, Siebzig verweht, Band II. Stuttgart 1981, 323 f.

merken. Die mehr oder weniger schönen alten Regelungen, die etwa auf das Niesen eines Mitmenschen den passenden Gesundheitswunsch empfahlen, dürften für den Vorfall am Waldrand keinen Rat bereit gehalten haben. Im Grunde ist, was der Jünger-Bruder sich dazu momentan einfallen läßt, nichts anderes als die altmodische Reaktion aufs Niesen des anderen: Aushilfe in der Verlegenheit, jemanden für einen Augenblick hilflos zu sehen.

Heideggers Erwartung wird enttäuscht, weil sie nicht die des dezenten Schweigens, sondern die des Kommentars zu sein scheint. Der Meister der Kunst, zu einem bescheidenen Wörtchen bei einem fragmentierten Vorsokratiker eine Unmenge – auch von Unsinn – zu sagen, hat ganz einfach Anspruch darauf, daß *seinem* Bienenstich eine hochgestochene Bedeutung zugedeutet wird.

Verspätete Streichung

»Vom Wesen der Wahrheit« hat Heidegger zum ersten Mal am 8. Oktober 1930 in Bremen vorgetragen. Was nach »Sein und Zeit« bei ihm ›vorgegangen‹ sein mußte, um auf die griechische Etymologie von ›Wahrheit‹ (*alētheia*) als ›Unverborgenheit‹ zurückzugehen, war doch schon in den durch Uneigentlichkeiten bewirkten Verdeckungen des im Dasein liegenden Seinsverständnisses vorbereitet. Neu war nur das Zutrauen zum Vordenken der Sprache. Dies wurde den Unverständigen der Kaufmannsstadt vor allen anderen verkündet und erst 1943 durch Druck jedermann zugänglich gemacht.

Mündlich muß es ein mächtiger Eindruck vom Philosophieren gewesen sein. Gedruckt büßt es den Nimbus ein und wird ein Text, der sich wichtig nimmt und gibt. Solche Sprüche sollten ungedruckt bleiben, da die Einrichtungen unserer Welt es uns bis auf weiteres verbieten, sie sogleich zu Fragmenten zu machen. Das Glück des Heraklit, daß er nicht gedruckt werden konnte und wir auf unsere Vermutungen über seine Banalitäten angewiesen sind, läßt sich nicht erneuern.

Eine Kleinigkeit nur läßt aufhorchen. Einer, der damals in Bremen dabei war, hat bemerkt, daß dem um 13 Jahre versetzten Druck der Bremer Schlußsatz fehlt. Es habe aufmerken lassen, als Heidegger schloß: *Nicht auf das Biegen, auf das Brechen kommt es an.*

Da ist das Spiel mit einer von der Sprache bereitgestellten redensartlichen Wendung. Das *Auf Biegen und Brechen* wird aufgespalten und antithetisch verschärft. Selbst 1930 war das nur noch leichtfertig zu sagen. Die Philosophie begann, in Markigkeit mitzumachen.

1943 war es viel zu spät, es nicht mehr drucken zu lassen.

Der Holzweg zu den Quellen

Ob der ›Leitfaden‹ wirklich noch ein Faden ist oder nicht vielleicht schon eines jener Beratungsbücher, die zu allem hinzuführen verheißen, was das Leben lebenswert macht, entscheidet sich erst daran, ob mit dem Faden etwas Fadenmäßiges angestellt wird, wozu nicht gehört, darin zu blättern oder nachzuschlagen, ob man auf dem rechten und kürzesten Wege zum Lebenserfolg sei.

Daß es in Labyrinthen eines Leitfadens bedarf, der den Namen der Ariadne auch abgelegt haben kann, ohne sie je vergessen zu machen, muß auf die Zuverlässigkeit des Befestigungspunktes verweisen, zu dem der Faden hinführen kann – weil ihn dort schon jemand zuvor befestigt hat, wie das Bergseil an der Felswand – oder zu dem er zurückzukehren Gewißheit gibt, weil der Gänger im Ungewissen selbst das Fadenende in getreuliche Verwahrung gegeben hat. Leitfäden, deren Enden niemand gesichert hat, haben etwas Artistisches.

Die erst durch Späteres pikant gewordene Stelle von »Sein und Zeit«, an der Heidegger sich zur Phänomenologie und – in einer nie gestrichenen Anmerkung – zu Husserl als seinem Meister in dieser bekennt, definiert doch sogleich die so nachbenannte Verfahrensweise zur Ausschließlichkeit des Zusammenhangs mit der Ontologie um: Diese gibt den Gegenstand, jene das Verfahren für ihn an. Philosophie ist nichts anderes als phänomenologische Ontologie – nicht: ontologische Phänomenologie – und geht als solche aus von der *Hermeneutik des Daseins*. Sie ist es, die *als Analyse der Existenz das Ende des Leitfadens alles philosophischen Fragens dort festgemacht hat, woraus es entspringt und wohin es zurückschlägt.*[16]

16 Martin Heidegger, Sein und Zeit. Halle a. d. S. 1941, 38 (§ 7).

Es muß eine Stelle großer Verlegenheit sein, das ist an der Anstrengung der Sprache, an der Interferenz der Metaphern zu registrieren. Daß der Leitfaden beim Bild genommen wird, merkt man an der Festmachung seines Endes. Aber wo und woran wird dieses befestigt? Dort, woraus es – das philosophische Fragen – entspringt. Es hat nicht einen ›Ausgangspunkt‹, sondern eine ›Quelle‹. Was aus ihr kommt, gibt zum Fragen den Anlaß und die Orientierung. Man darf dazudenken: Von dort ist dem Strom nachzugehen, der aus der Quelle entspringt. Die Analytik der Existenz hat die Verbindung herzustellen zwischen der Quelle und den Phänomenen des Daseins, etwa seinem Wesen als ›Sorge‹. Nur ist eine Quelle, allem Bildverständnis nach, keine Vorrichtung, um einen Faden zu befestigen. Von dorther fließt alles. Etwas festzumachen, ist dessen Widerspruch.

Und daß das Fragen dorthin ›zurückschlägt‹, macht seine Natur eher unverständlich, als daß es sich ›hermeneutisch‹ nennen dürfte.

Der Mönch und sein Nach-Ruf

Irgend etwas wird kommen, wenn man es nur nicht daran hindert. Ein allzu trivialer Satz? Gewiß, aber vom Typus der Heilsversprechungen, die sich jeder inhaltlichen Nachfrage verweigern. Darauf müsse man es ankommen lassen, wenn das Dunkel weicht, die ›Seinsverborgenheit‹ sich lichtet. Dann wird sich zeigen, was kommen sollte.

Wie aber werden wir erkennen, daß es gerade das ist, was versprochen worden war, wenn es doch keine Merkmale gibt, an denen ausgemacht werden könnte, es sei das seit jeher Kommende? Meldet sich da nicht die Gefahr, daß jedes Künftige, sofern es sich nur im Hiatus vom Gegenwärtigen abhebt, begrüßt werden kann, gefeiert werden muß als das, was alle Versprechen hält?

War nicht eben dies Heideggers Irrtum von 1933 gewesen, auf das Nur-ganz-andere zu setzen und ihm zu trauen, ohne auch nur einen Blick daran zu verschwenden, was für eines es denn sei? Mit dieser Art von Philosophie bereitet man sich auf Ereignisse vor, deren Qualität gleichgültig sein muß und die nur an der Distanz zu dem gemessen werden, was als das Gewesene sich nun selbst verurteilt. Heidegger und Adorno hatten mehr gemein, als jeder dem anderen jemals zugestanden hätte: Ihr ganz-anderes Künftiges legitimierte sich aus der bloßen Negation der Gegenwart, und das strikte Verbot, mit weiteren Fragen im voraus zu insistieren, diente der Verhinderung aller Kontaminationen des Künftigen mit dem Gegenwärtigen, des Verderbs der absoluten Chance.

Jeder Versuch, das Künftige zu betreiben, korrumpiert es, indem es seine Richtung aus dem Gegenwärtigen bekommt. Daher dieser menschenfreundliche Quietismus des Wissenden, der die Penetranz der anderen, ihn auf seine Visionen festzulegen, als bloßen Unverstand zurückweist. Wer dem Denkenden zusetzt, sein Denkbares preiszugeben, hat nicht begriffen, daß irgend etwas kommen muß, weil das Gegenwärtige so ist, daß es unmöglich das Bleibende sein kann. Nicht zu betreiben, sondern nur, nicht zu vertreiben, wird zur Sache eines Denkens, das wartende Andacht genannt werden könnte.

Kommt denn unter den vielen, die es viel zu genau wissen wollen, nicht einer, der warten und zuhören kann? Der diese verschmitzt mit dem Übermorgigen im Einverständnis stehende Geduld auch nur für Augenblicke mitleben und dadurch beleben kann? Statt dessen: Ungeduld. Sie ist nicht nur eine Sache von Tempo und Temperament. Schon deshalb nicht, weil Technik die Ge-Stell gewordene Ungeduld ist – folglich Geduld schon ein Stück Exterritorialität zu ihr. Zwar nicht schon Überwindung, aber doch still zurückgezogene Überwinterung in ihr. Man sieht nicht fern, daran erkennt man sich.

Und dann kommt eines Tages dieser Mönch Bikkhu Maha Mani, Bauernsohn aus Thailand, einem der ältesten der 400 Tempel der Hauptstadt dienend, aber auch Lehrer der Philosophie an der Universität sowie in einer ständigen prominenten Sendung des Rundfunks tätig. Das macht ihn dem deutschen Seinsdenker nicht verdächtig. Der deutschen Sprache unmächtig und auf die kaum zu leistende englische Vermittlung angewiesen, hat er die mimische Kraft einer Sammlung, die schon verstehen zu lassen scheint, was ihn in der sprachlichen Entstellung kaum erreicht haben kann. Einer der gefaßt und gesammelt zuhört, als erwarte er von der Übersetzung nur noch Bestätigung dessen, worüber ohnehin Einverständnis schon da ist.

Der deutsche Leser des späten Heidegger betrachtet diesen Sachverhalt ohne Erstaunen, denn genau dies ist die eigene Situation, der es nur am frommen Gestus des Zuhörens fehlt. Heidegger ist gebannt von der mönchischen Figur des einfachen Lebens. So sehr, daß er diesem einen zugesteht, was er sonst stets verweigert hat: mit ihm aufs Ge-Stell zu gehen, ins Ge-Rüst zu steigen und sich in einem Medium zu präsentieren, das er verachtet.

Die Banalitäten, in denen sich das Gespräch bewegt, weil es nicht auf dem Boden der Kunstsprache Heideggers geführt werden kann, läßt der Leser des Berichts mit Toleranz passieren. Am Ende sei man sich einig darüber gewesen, daß alles darauf ankomme, sich ohne Anstrengung des Willens zu sammeln, das Ich auszulöschen, bis schließlich nur das Nichts bleibe – das aber alles andere sei als nichts, nämlich dessen Nichtung in der Fülle, die sich nicht nennen lasse, weil sie Erfüllung sei. Darauf geht Heidegger ein: *Das ist es, was ich immer, mein Leben lang, gesagt habe.*[17] Bei jedem anderen würde man dies als versöhnliche kleine Unwahrheit des Abschieds genommen haben. Hier aber spürt man, daß einer so verzweifelt darum gerungen hat, verstanden zu werden, daß er im Unverständlichen nach der Illusion greift, es sei schon das Verstandenhaben.

Als der Mönch sich tief verneigt hat und nach zwei Stunden, da es schon Nacht geworden war, gegangen ist, schwärmt man von der Kindlichkeit des Fremdlings: seiner Schwebe zwischen dem Geistigen und dem Animalischen, einem Antlitz der heilen Ganzheit des Menschen, der Tiefe der Augen und dem Ernst bei aller gelassenen Heiterkeit.

Geahnt hatte dieser Exponent einer fremden Welt nur das eine nicht, wie Heidegger empfunden haben wollte, nämlich: Was die technische Apparatur, mit der er doch so souverän umging, wirklich bedeutete. Sie wissen nicht, was sie tun, wenn sie sich auf das Ge-Stell einlassen.

17 Zitiert bei: Heinrich Wiegand Petzet, Auf einen Stern zugehen. Frankfurt 1983, 190.

Genügte das, um zu erklären, was etwa ein Jahr nach der Begegnung in Freiburg aus der Ferne als Nachricht herüberdrang? Eines Tages ruft Heidegger den Zeugen der Mönchsbegegnung an, mit dem noch nicht lange installierten Telephon: *Der Mönch, mit dem ich jenes gute Gespräch führte, ist aus seinem Orden ausgetreten – und hat einen Posten in einer amerikanischen Fernsehgesellschaft angenommen.*

Wie gut konnte jenes Gespräch gewesen sein, wenn es solches möglich bleiben und nach so kurzer Zeitspanne geschehen ließ? Was sollen die anderen tun und hoffen, wenn die modischen Illusionen – wie hier die der östlichen Unschuld gegenüber dem Ge-Stell – sogar die Großen hilflos gemacht und überwältigt haben? Alles Denken für einen solchen Augenblick der Schwäche, in dem die Vergeblichkeit des Verstandenwerdens ein einziges Mal besprochen worden war – vermeintlich.

Ob Heidegger einen einzigen Moment daran gedacht haben mochte, welchen Grad an Resignation er in der Mönchsbegegnung all denen verordnete, die nicht Dienst an einem der ältesten Tempel von Bangkok verrichtet hatten und dennoch verstehen mußten, was im Verdikt über das Ge-Stell gemeint war?

Der Kamikazeheld

Wenn die Philosophie nicht aus der Feindschaft gegen die Rhetorik hervorgegangen ist, so hat sie sich doch erst in dieser Feindschaft endgültig formiert: in der Gestalt des Sokrates und an ihr durch Plato.

Diese Feindschaft ist, wie man an der heimlichen Rhetorik des gegenrhetorischen Instruments, des sokratischen Dialogs, leicht sehen kann, selbst vom Geschlechte dessen, was sie bekämpft. Ein Dialog, der seinen jeweiligen Partnern so wenig Chancen, zumeist gar keine, läßt, ist der rhetorischen Versuchung längst verfallen, hat sich von ihr nie gelöst, wird von dem einstigen Sophisten Sokrates beherrscht.

Der Verdacht geht dahin, daß die Philosophie sich von dem Erbe dieses Ursprungs nie lösen konnte, daß ihre Aufstellung der Antithese *res* oder *verba* nicht ihre Triumphe, sondern ihr Schicksal bezeichnet. *Zu den Sachen!* ist der Programmslogan der frühesten Phänomenologie, selbst ein rhetorisches Stück gegen eine Front, von deren Kombattanten jeder einzelne für sich beschworen hätte, ihm sei nichts wichtiger, als Front gegen Rhetorik in der Gestalt sachlich unbezogener Wortmacherei zu machen.

Lange bevor Husserl selbst das Pathos seiner Phänomenologie in der Krisis-Abhandlung entfaltete, entdeckte Heidegger, was darin lag, wenn man *die Sachen* durch *das Sein* ersetzte und den Zugang zu diesem als die Struktur des menschlichen Daseins selbst beschrieb. Ihm ging es darum, die Ernüchterungen der positiven Wissenschaften als den Inbegriff eines Verzichts auf das sehen zu lernen, was im Grunde der Mensch hatte verstehen wollen und können, weil er es als einziges aller Wesen sehenden Auges – aber auch mit der Möglichkeit, die Augen zu verschließen – mit dem Tode zu tun hatte. Er konnte sich verstehen von der Möglichkeit seines eigenen Nichtseins her. Nicht nur von seiner Kontingenz her als dem möglichen Überhaupt-nicht-Sein, sondern vom Tode her als der Unausweichlichkeit seines wirklichen Nicht-Seins. Da sollte die Philosophie, wenn es ihr um das im Dasein liegende Seinsverständnis ging, auf ihre alte rhetorische Funktion des Trostes dieses eine Mal verzichtet haben.

Dieses Konzept gehört, seiner epochalen Zuordnung nach, in das Feld der heroischen Nihilismen. Sprachlich ist das in »Sein und Zeit« mühelos als ein Stück Expressionismus greifbar, das durch substantivische Ballungen die Absage an alle undichten Leichtfertigkeiten empfindbar machen sollte. Auch auf die Leichtfertigkeiten der Metapher? Wie vielfältig auch der Sprachduktus die Erleichterungen der Imagination umgehen und die Hegelpreislage der Abstraktion innehalten will, der Leser wird den Eindruck nicht los, es werde ihm dabei ständig eine Disziplin aufgenötigt, die der Autor nicht eingehalten hat. Ein Verzicht scheint abverlangt, den nicht mitleisten zu wollen bedeuten würde, die imaginativen Orientierungen aufzusuchen und auszubreiten, deren Preisgabe dem Autor aus Gründen des kanonischen Standards von Philosophie peinlich gewesen sein könnte.

Auf der Suche danach, wie es hätte aussehen können, wenn eine der zentralen und verdeckten Figuren dieses Denkens seinem Autor vorgehalten worden wäre, findet man nur winzige Hinweise auf ein fast naives Vergessen der einstigen Disziplinierung. In dem von einem seiner Verleger 1977 herausgegebenen Erinnerungsband berichtet Hans A. Fischer-Barnicol von Heideggers Verhältnis zu seinen japanischen Schülern und Übersetzern. Was sie aus seiner Philosophie gemacht hätten, könne man nicht wissen, habe Heidegger gesagt, aber es falle ihm schwer, blindlings anzunehmen, in einer so fremden Sprache könnten seine Gedanken noch dasselbe bedeuten. Jetzt aber, habe er stolz erwähnt, sei einer dabei, eine weitere Übersetzung von »Sein und Zeit« zu machen. Was läßt ihn erwarten, diese neue Übersetzung könne näher an das herankommen, was er in seiner Sprache hatte sagen wollen?

Da rührt man an ein Emblem. Heidegger habe *mit freudigem Staunen* berichtet, der Übersetzer, Tsujimura, ein ›großartiger Philosoph‹, sei im Zweiten Weltkrieg einer der Kamikaze-Flieger gewesen, die sich als lebend gesteuerte Sprengladungen auf ihre Ziele stürzten und mit der Dreingabe ihres Lebens sicher zu rechnen hatten. Dieser allerdings habe überlebt; er habe sein Ziel verfehlt und sei in den Pazifik gestürzt. (Daß ein im Sturzflug aufs Meer schlagender Flieger keine Chance hat zu überleben, bleibe hier unerörtert.)

Unversehens hat man das ›Sein zum Tode‹ *in figura* vor sich. In wenigen Sekunden durchrast der Pilot die genau vor ihm liegende Endlichkeit. Niemand, wenn es nach dem Begriff ginge, könnte je darüber berichten, was in solcher Intensivierung der Endlichkeit durchs Bewußtsein geht. Nun hat aber doch einer gegen alle Wahrscheinlichkeit überlebt, als hätte es der Weltgeist – alias: das Seyn – so gewollt, damit er Heidegger ganz werde begreifen und in seine weltenferne Sprache übersetzen können. Eine Übersetzung nicht nur ins Japanische, sondern eben ins Eigentliche.

Es ist gut, daß dieser Bericht Erinnerung ist und den Meister nicht mehr erreichen kann. Sonst wäre die Pointe, die der Berichterstatter übermittelt, zu bösartig. Dieser Tsujimura habe dicke Brillengläser getragen, die auf extreme Kurzsichtigkeit schließen ließen. Hat Heidegger das nicht gesehen? Der Rückblickende habe seinerzeit nicht wenig gestaunt über die Version vom verfehlten Todesziel. Denn gemeinsame Freunde hätten versichert, Tsujimura sei nur beim Bodenpersonal jener Kamikaze-Einheit gewesen.

Ich erzähle das nicht mit Schadenfreude nach. Es hilft mir, einen kurzen Blick auf das zu werfen, was Heidegger vor Augen gehabt haben kann und was er sich selbst und anderen dadurch vorenthält, daß er glaubt und glauben läßt, das Denken spiele sich ganz in der Sprache und durch die Sprache – und wenn durch das Sein, so jedenfalls anhand seines ›Zuspruchs‹ – ab. So viel Bilderlosigkeit? Vielleicht doch nicht ganz.

Ein MacGuffin

Unter Filmweltbewohnern kursiert der ›MacGuffin‹ wie eine Vokabel, für die man kein Wörterbuch benötigt, mit dem augenzwinkernden Einvernehmen, sie würde auch nicht drin stehen.

Was ein MacGuffin ist, könnte alle Welt wissen, seit 1966 der Dialog zwischen Alfred Hitchcock und François Truffaut, den Meistern des filmischen ›Thriller‹, erschien. Truffaut hatte Hitchcock danach gefragt und darauf gehörige Antwort erhalten.

Das Gehörige der Antwort ist zu betonen. Sie hätte genausogut ungehörig sein können, da die Preisgabe seiner Mittel immer ein Risiko für die Existenz des Zauberers ist. Das Geheimnis des MacGuffin ist, daß die Preisgabe seines Namens die Spannung nur noch erhöht, ihn im jeweiligen Fall zu identifizieren. Was wiederum den Meister herausfordert, logische Verborgenheit in optische Präsenz zu steigern. Anders ausgedrückt: Das für eine Geschichte Bedeutungslose erhält die Auszeichnung optischer Bedeutsamkeit.

Um dieses Requisit plausibel zu machen, erfindet Hitchcock eine Unterhaltung zwischen zwei Männern in der Eisenbahn, wobei der eine den anderen fragt, was es mit dem Paket auf sich habe, das er ins Gepäcknetz gelegt hatte. Darauf der Gefragte: »Ach das, das ist ein MacGuffin.« Auf Rückfrage: Das sei ein Apparat, um in den Bergen der Adirondacks Löwen zu fangen. Darauf der erste: »Aber es gibt doch überhaupt keine Löwen in den Adirondacks.« Nochmals der andere: »Ach, na dann ist es auch kein MacGuffin.« Dies, schließt Hitchcock, zeige die Leere des MacGuffin. Aber genügt es, daß er leer ist?

Dann brauchte es das Paket im Gepäcknetz, das den Dialog

in Gang gebracht hatte, überhaupt nicht zu geben; aber in Gang mußte er kommen, denn er beschäftigt beide für einige Zeit.

In dem nur durch seine Identität ausgezeichneten MacGuffin kondensiert sich ein Geheimnis, das für die Spanne der Handlung jeden Aufwand, jede Betriebsamkeit, jede Menge Leben rechtfertigt. Ein Mann ist Träger einer vorgeblich ungeheuer wichtigen Kenntnis, eines Stoffes, einer Formel, einer Skizze; aber es kommt nicht darauf an, sein Geheimnis am Ende zu enthüllen – es ist nicht einmal zulässig, soll die Enttäuschung vermieden werden, daß es ganz unsinnig war, es bei dieser Sache auf Leben und Tod ankommen zu lassen.

Am besten ist, der Besitzer des Geheimnisses geht mit ihm unter. Die Spannung der Handlung war die Funktion des MacGuffin als einer unbestimmbaren Größe. Hitchcock kann das auch ohne die Geschichte auf seine Erfahrung mit der Erzeugung von ›Suspense‹ bringen: »Aber das Wichtigste, was ich im Lauf der Jahre gelernt habe, ist, daß der MacGuffin überhaupt nichts ist. Ich bin davon überzeugt, aber ich weiß aus Erfahrung, daß andere davon schwer zu überzeugen sind. Mein bester MacGuffin – darunter verstehe ich: der leerste, nichtigste, lächerlichste – ist der von ›North by Northwest‹.« Das war ein Spionagefilm von 1959 gewesen, in dem die alles beherrschende Frage, was die Spione suchen, mit der Angabe ausgeht, es sei das Handelsobjekt der imaginären Import-Export-Agentur. Der Zuschauer erfährt nicht mehr, als daß es aus ›Regierungsgeheimnissen‹ bestand. »Sehen Sie«, schließt Hitchcock, »da haben wir den MacGuffin, reduziert auf seinen reinsten Ausdruck: nichts.«[18] So kann es zur Identität von Sein und Nichts kom-

18 François Truffaut, »Mr. Hitchcock, wie haben Sie das gemacht?«. München 1973, 127.

men. Man begreift, daß auch die Philosophen ihre MacGuffins hatten und haben müssen, um die Arbeit des Denkens sowie die Lust an ihrem Resultat zu erhalten.

Der legendäre zweite Teil von »Sein und Zeit« ist nie geschrieben worden, weil er nicht geschrieben werden durfte. Wer die Zurüstungen für die Expedition in das Zentrum des vom Dasein verstandenen Seins jemals auf sich wirken hat lassen, zittert vor der Banalität dessen, was am Ende aller Daseinsanalysen und inmitten des Zauberkreises ›Zeithorizont‹ zutage gefördert werden könnte.

Der Verfasser des noch immer bedeutendsten philosophischen Werks dieses Jahrhunderts muß sich bewußt geworden sein, daß er alle Bedeutsamkeit riskierte, wenn er sich nicht entschloß, es Fragment bleiben zu lassen. Dazu war freilich nötig, den Abbruch der fundamental-ontologischen Expedition unter die Nötigung höherer Mächte zu stellen. Sie geboten mit überwältigender Dringlichkeit, anderes zu tun: sich dem Geschick des Denkens zu unterwerfen.

Schnell fanden sich Genossen der Frühzeit, denen die Tradition zum Fragment gemacht hatte, was allein noch ihre Ahnung vom Ursprung dunkel übermittelte. So wurden die Vorsokratiker, zumal Parmenides und Heraklit, zu hermeneutisch verpflichtenden Schicksalsgenossen des Denkens im Abbruch seiner hochgemuten Intentionen.

Der MacGuffin des Seins tat seine Schuldigkeit. Die Wirkung blieb nicht aus, das Publikum folgte atemlos. Einige, die vom MacGuffin nichts gehört haben, werden noch immer von ihm umgetrieben.

Ist dieses Spiel verboten? Schwerlich. Das Verschwinden der MacGuffins aus der Welt brächte ihre Bewegung zum Stillstand. Die Mittel heiligen den Zweck, die unterwegs enthüllten Geheimnisse das unenthüllt Bleibende. Die schuldig gebliebene Antwort auf die Frage nach dem Sinn von Sein hat die Anstrengung ausgelöst, dem menschlichen Dasein die Einheit seiner Äußerungen und Verhaltensweisen abzufragen. Auf dem Weg gab es Verweilen – und Verweilen erwies sich als der Sinn des Weges.

Es gibt keine Löwen in den Adirondacks. Aber wehe dem Reisenden, der zweifelt, im Gepäck seines Fahrtgenossen befinde sich Fanggerät für die Löwen dort. Er hat für ein billiges Wissen die Spannung verkauft, die in langen Stunden der Reise beim Blick auf das rätselhafte Gepäckstück sich aufbauen muß. In dem Gepäckstück werde dann eben kein MacGuffin sein, wenn er von vornherein wisse, die behauptete Funktion gehe ins Leere. Langeweile wird die gerechte Strafe für einen sein, der sich nicht zum ›Suspense‹ verführen lassen will – so wie für den, der die Frage nach dem Sinn von Sein für sinnlos hält, die Zurüstungen zur Expedition in die *terra incognita* des Seinsverständnisses nur gähnende Langeweile entstehen – oder besser: bestehen – lassen können.

Langeweile ist, wenn das Feuer aller Feuer als Strafe aller Strafen verloren gegangen ist, die bleibende Optimierung des Überdrusses am Dasein. Für sie gibt es keinen dringenderen Wunsch als den, gestört zu werden. Neugierde ist Störung der Langeweile. Der MacGuffin ist deren Epiphanie.

Die Verführbarkeit des Philosophen

Ein Jahrzehnt nach Heideggers Tod ist das Recht auf Irrtum, das er gründlich wahrgenommen hat, unbestritten; aber die Peinlichkeit der Aufklärungen über seinen Irrtum gerade deshalb angewachsen, weil er sie sich mit einem gesperrten Interview auf die Nachlebenszeit selbst vorbehalten hatte. Von dieser ebenso sensitiven wie verständlichen Maßregel hätte man dann allerdings die Wahrheit ohne Rest erwarten, ja verlangen dürfen. Daß er sie nicht hinterlassen hat, sich nicht abringen konnte, macht ihn kleiner als die ephemere Lust des kleinen Mannes an der Teilhabe der großen Macht, von der er die Syrakus-Illusion Platos gehegt haben mochte und mit nicht minderer Ernüchterung fahren lassen mußte.

Man muß nicht Anhänger Heideggers, kein Liebhaber seiner Seinsorakelei sein, um dennoch den Schwund des Maßes an Respekt schmerzlich zu empfinden, den man seiner Intensität als Denker, seiner belebenden Wirkung auf die Philosophie schuldig zu sein glaubt. Kaum ist das Dezennium nach seinem Tod voll, erscheinen wie zufällig Bücher mit Nachrichten von Episoden, die die Konturen jener Verirrung schärfer ziehen und mit der Überschärfe drohen, die noch bevorstehen könnte. Ich denke nicht an die Emsigkeit der Historiker, die den Fundus der erschreckenden Dokumente noch nicht ausgeschöpft zu haben scheinen. Selbst wenn die Nachsicht möglich sein sollte, da habe es einem einfach an Geschmack und Anstand gefehlt – was mancher als ›bürgerliches‹ Dekor entbehrlich finden mag –, bleibt die ›wesentliche‹ und auch durch Verachtung des ›Wesentlichen‹ gegenüber dem ›Entscheidenden‹ nicht zu entkräftende Frage, ob die Verirrung aus dem Denken nahtlos hervorgegangen oder eher ein psychologisch-charakterliches *clinamen* gewesen war. Genügt die Kürze der Episode des Rektors nach Führerprinzip in Freiburg, um sie aus der Konsistenz der Denkbewegung des Erneuerers der ›Seinsfrage‹ herauszulösen, einem Moment des Rausches und der Halluzination zuzuschreiben? Das wäre es, was man sich gewünscht hätte und was man aus Heideggers Selbstdarstellung der Episode einigermaßen bestätigt fand – gefunden sehen wollte?

Es gab freilich gegen den noch Lebenden die Hinweise auf den romantischen Grundzug seines ›Gevierts‹, auf die Ambivalenz von ›Ursprung‹ und ›Grund‹, auf das Anathema der ›Bodenlosigkeit‹ in seiner Sprache, auf seine hinterwäldlerische Animosität gegen Technik und ›positive Wissenschaft‹. Aber das waren Grundströmungen der Kulturkritik, die von den Machtergreifern des Jahres 33 über ihre Mühlen geleitet wurden, ohne dadurch die Umkehrung freizugeben, aus diesen Zuflüssen sei die braune Flut hergekommen.

Gerade deshalb fährt es in die Glieder, wenn im Jahr 86 zutage kommt, genau diesen Herkunftszusammenhang habe Heidegger selbst noch Jahre nach der Freiburger Episode hergestellt und bestätigt. Überraschend hat Karl Löwiths Witwe einen Bericht des noch vor dem akademischen Lehrer 1973 Verstorbenen aufgefunden und zur Veröffentlichung freigegeben, der schon den Bedingungen seiner Entstehung nach nicht in den Verdacht journalistischer Gefälligkeiten kommen kann. Ohne Absicht der Veröffentlichung hat ihn Löwith 1940 in Japan als Antwort auf eine Umfrage der Harvard University nach Erfahrungen im Deutschland um 1933 herum geschrieben, und es gibt nicht viele Lebensberichte von Philosophen, die in ähnlichen Situationen mit solcher Nüchternheit und Selbstdistanz verfahren sind – oder verfahren wären.[19]

19 Karl Löwith, Mein Leben in Deutschland vor und nach 1933. Ein Bericht. Stuttgart 1986, 57; 88.

1936, im Jahr der Berliner Olympiade und einer gewissen damit verbundenen Zurücknahme der braunen Rigidität, war Löwith schon auf der ersten Station seiner Schicksale als Emigrant, in Rom, im zwar faschistischen, aber von Hitlers Ideen noch nicht überwältigten Italien. In diesem Jahr hielt Heidegger einen Vortrag in der Bibliotheca Hertziana, dem deutsch-italienischen Kulturinstitut. Löwith erhielt keine Einladung mehr zu den Veranstaltungen dieser Einrichtung, und sein Lehrer Heidegger hatte offenbar nicht den Mut, darauf zu bestehen – wer hätte gewagt, den Vortrag dieses Repräsentanten der deutschen Kultur in Rom abzusagen, weil er zur Bedingung gemacht hätte, Löwith müsse ihn hören? Es gereicht Löwith zur Ehre, daß er selbst die Episode so weit nicht ausleuchtet. Immerhin, es gab ein Wiedersehen und einen Tagesausflug nach Frascati und Tusculum. Heidegger, der während seines ganzen Aufenthaltes in Rom das Parteiabzeichen trug, legte es selbst an diesem Tage und zu so legerem Anlaß nicht ab – legte es erst recht nicht ab aus Dezenz und Takt gegenüber einem ihm Nahestehenden, von dem er wußte, daß er ihn damit *eo ipso* zu seinem Feind deklarierte. Aber ich habe gesagt, über Geschmack und Anstand sei gar nicht mehr zu streiten. Wichtig ist hier etwas ganz anderes, worauf es auch Löwith schließlich angekommen war: Er sagt Heidegger offen, er sei der Meinung, *daß seine Parteinahme für den Nationalsozialismus im Wesen seiner Philosophie läge*. Hätte das Heidegger nicht sogar dann empören müssen, wenn an eben jener Parteinahme sich entgegen seinen Späterklärungen nichts geändert hätte? Denn es ist doch wohl nicht die selbstverständlichste Sache von der Welt, daß jemand seine politische Einstellung aus der Wissenschaft abgeleitet und gerechtfertigt sehen will, deren akademische Vertretung ihm obliegt.

Eben das will Heidegger anders. Löwith notiert nackt und bloß, Heidegger habe ihm *ohne Vorbehalt* zugestimmt.

Mehr noch: er habe sich auf den Begriff der ›Geschichtlichkeit‹ als *die Grundlage für seinen politischen ›Einsatz‹* berufen. Dann war es nur noch eine Formel, auch *keinen Zweifel über seinen Glauben an Hitler* zu lassen. Zwar gebe es Hindernisse, wie die unterschätzte Lebenskraft der Kirchen, aber auf dem *für Deutschland vorgezeichneten Weg* müsse eben nur lange genug durchgehalten werden. Was ihn stört, ist nichts anderes, als was in seiner Abneigung gegen Technik und Wissenschaft an Romantik da ist und bleiben wird: *das maßlose Organisieren auf Kosten der lebendigen Kräfte.* Es ist unerfreulich, diese Phraseologie zu zitieren. Aber es ist der einzige sachkundig registrierte und überlieferte Beleg für das, was bei diesem Seinsdenker noch 1936 im Kopf Bestand hatte und nicht nur ohne Not und Druck, sondern sogar gegen die geschuldete Mitmenschlichkeit ausgesprochen worden war. Also keine Episode. Keine leichtfertige Exkursion nach Syrakus.

Die Notwendigkeit, die Heidegger noch 1936 in Rom bekenntnishaft seiner Parteinahme beilegte, war nicht die einer biographischen Zwangsläufigkeit, eines professionellen Interesses oder einer persönlichen Affinität – es war die der Geschichte selbst. Das gibt der Begegnung zwischen dem Diffamierten und dem Arrivierten am ›neutralen‹ Ort einen tragikomischen Zug: Nichts war notwendig an dieser Gelegenheit zur Bloßlegung von Notwendigkeit. Heidegger war in Rom, weil das Kulturpropagandaorgan es für ihn so programmiert hatte – aus dem äußerlichsten der denkbaren Motive für einen Denker –, und Löwith war in Rom, wie er an irgendeinem anderen der Orte hätte sein können, die der deutschen Emigration zugänglich waren – dieser nur noch kurze Zeit, bis Mussolini den Tribut an Hitler würde entrichten müssen, die Juden zu entrechten. Diese ›Landpartie‹ mit Parteiabzeichen hatte keiner der beiden als fällige ›Begegnung‹, als Gelegenheit zur Herstellung von Klarheit

herbeigewünscht; sie paßte nicht in die Lebensläufe und konnte keinen der beiden befriedigt haben. Oder hatte Heidegger die Gelegenheit zur Rechtfertigung seiner Mesalliance von 33 gesucht?
Eine andere Zufallsbegegnung, ebenfalls zufällig 1986 bekanntgeworden, verstärkt die Intensität dieser Frage. Als Heidegger den damals schwerbegreiflicherweise berühmten Vortrag »Die Frage nach der Technik« 1953 in München gehalten hatte, suchte ihn der mit dem Zeitgeist häufig und gern verquere Rudolf Krämer-Badoni für ein Interview zu gewinnen. Er berichtet in seinen Erinnerungen: *Es schien mir unglaublich, aber ich wohnte in der Pension Tür an Tür mit Martin Heidegger.*[20] Darüber wäre nicht jeder so glücklich gewesen wie der, der dem Wesen der Wahrheit als Schönheit in der Kunst, veranschaulicht an van Goghs Bauernholzschuhen, mal richtig ins Angesicht widersprechen wollte. Vergeblich klopft er an die Tür des Zimmernachbarn, der seine Mittagsruhe halten mochte, aber zehn Minuten später seinerseits beim Nachbarn klopft und seine Absicht dabei hat. Man wolle, zwecks einer eigenen Ästhetik, mit ihm über seine Kunsttheorie sprechen, erfährt er und erwidert: »Gern, aber ...« Aber – er will über etwas anderes reden mit dem Mann, dessen Ästhetik ihn natürlich nicht interessiert, dessen Allgegenwart in Journalen ihn magisch anzieht, denn da ließe sich doch endlich einmal etwas sagen über den kurzen Moment, für den er auf die falsche Seite getreten war. Man denke: Es ist noch weit hin bis zu dem Brief, den Heidegger 1966 an ein so schnödes Produkt wie den »Spiegel« schreiben sollte. Er habe *wie ein Verzweifelter* gesprochen, erinnert sich Krämer-Badoni, und auf den Trost, er brauche sich als weltbekannter Mann doch nicht zu

20 Rudolf Krämer-Badoni, Zwischen allen Stühlen. Erinnerungen eines Literaten. München 1985, 179-186.

quälen, geantwortet, er quäle sich nicht, es quäle ihn. Keiner von seinen Anhängern wage, das aufzugreifen, und das solle nun dieser sein Zimmernachbar tun. Einem Denker passiert es eben nicht zufällig, das Rettende seiner Not so nahe zu haben. An beiden nächsten Nachmittagen, Punkt vier, habe sich das wiederholt. Man mag es kaum glauben: Zuerst die erklärte Bereitschaft, über Kunst zu reden, »aber zuerst noch das«, und dann eben wieder das Eine, mit Ergänzungen, und dann nichts mehr. Der Zeitungsmann reist mit leerem Block und Kopf ab.

Was Karl Löwith 1936 in Rom als trotzige Konfession hatte anhören müssen, ist 1953 in München dem Ästhetikanwärter wiederum fast tragikomisch zu szenischer Anschaulichkeit gebracht worden. Als er 1960 sein Buch »Über Grund und Wesen der Kunst« an Heidegger schickt, enthält es den erwünschten Freispruch: *sein fast augenblickliches Abschwenken von einer kurzen politischen Parteinahme* als *Mannhaftigkeit einem Diktator gegenüber*. Heidegger zeigt sich dankbar, obwohl so gequält nicht mehr, und bestätigt ›Nachbarschaft‹, nun im Denken, bei ›fruchtbarer Differenz‹. Doch die Verkennung der Moderne als des vor Klärung des Wesens der Technik nicht Spruchreifen ärgert Krämer-Badoni, der eben diese Spruchreife erreicht zu haben glaubt, mehr als jene ›Nachbarschaft‹ gutmachen könnte. So blieb nach den vertanen Gelegenheiten in München auch diese vertan – nur der sich Erinnernde wundert sich darüber. Und diese Enttäuschung ist gefährlich, sie verführt zum Nachhaken. Denn nun liest der Abgewiesene die drei Frankfurter Vorträge Heideggers von 1935/36 »Der Ursprung des Kunstwerks« noch einmal und entdeckt, was ihm gar nicht hätte zu entdecken bleiben dürfen: *Im Abstand der Jahrzehnte liegt die ›Unverborgenheit‹ der Inkompetenz Heideggers plötzlich nackt vor Augen.* Die Peinlichkeit wechselt die Seite: Wenn dieser Philosoph *nicht die blasseste Ahnung von Kunst* hatte – und was ist eine unblasse Ahnung von Kunst? –, dann muß sein Münchener Pensionszimmernachbar sich nun doch quälen mit der Frage, was er denn damals so dringlich sich vorenthalten wähnte, als das Gespräch zur Kunst nicht hatte kommen wollen.

Im Rückblick auf jene Abfuhr einer Zuwendungsbewerbung passiert nun – wohl gemerkt, ein Jahrzehnt nach Heideggers Tod und ein Vierteljahrhundert nach dem letzten Dokument der Inkompetenz – das angekündigte Nachhaken, ein intellektuelles Foul aus purem Mangel an Anstand: *Nach dem Wiederlesen dieser entlarvenden Rede über die Kunst nehme ich die politische Verteidigung Heideggers zurück.*

Was der Leser nach dem Blick auf die Münchener Jämmerlichkeit von 1953 hätte tun dürfen, darf der Autor der »Erinnerungen eines Literaten« als Vergeltung für das 1960 Widerfahrene noch lange nicht. Denn der Leser muß nicht schon zum zweiten Mal den unsäglichen »Ursprung des Kunstwerks« gelesen und beim ersten Mal nichts gemerkt haben. Auch muß er nicht mit dem Autor verkannt haben, daß Heideggers damals in München getroffene Unterscheidung, nicht er quäle sich, sondern ›es‹ quäle ihn, aufs deutlichste indiziert, wie drohend ihm die Gewißheit ins Haus stand, er hätte Karl Löwith in Rom die Wahrheit gesagt: seine Parteiepisode sei der Grenzwert seiner Philosophie damals gewesen und später wie nachholend erst recht geworden.

Es ist ein physiognomisches Ereignis, das der Memoirenschreiber mit plumper Unmanier zertrampelt.

Ein Dementi

Aus Sorge, die Philosophen des dritten Jahrtausends könnten denen des zweiten keine Tode und ›Letzte Worte‹ nach Philosophenart zutrauen – da sich ihnen doch nicht verbergen ließe, der Tod der Philosophie selbst sei deren Lieblingsthema gewesen –, habe ich wenigstens den wortmächtigsten Eschatologen der Philosophie zugunsten der Seinserwartung nicht wortlos aus Zeit und Sein abgehen lassen wollen. Einem sollte künftig geglaubt werden, er habe aus der Analyse des Daseins als ›Sorge‹ und aus der Forschung nach dem ›Wesen des Grundes‹ ein angemessenes Sterbebettfazit gezogen. Mein Vorschlag an die Zukunft war, man möge es abnehmen und ohne Bedenken der Bayleschen ›Critique historique‹ weitergeben, Heidegger habe zum Sinn, wenn schon nicht des Seins, so doch seines Daseins mit den Worten gefunden: *Kein Grund mehr zur Sorge.*

Die Druckerfarbe war noch nicht trocken – wenn diese Redensart zu brauchen noch zulässig ist –, als ich einen Brief von Walter Bröcker, dem Fünfundachtzigjährigen, aus Kiel erhielt, worin er mir ohne Groll mitteilte, man könne sehr wohl wissen, was sein Lehrer Heidegger als letztes gesagt habe. Denn Frau Elfride habe es genau gehört und in ihrem Herzen bewahrt, so daß er, von ihr ins altbewährte Vertrauen gezogen, sagen könne: *Heideggers letztes Wort ist mir bekannt.*

Eines Morgens, der Alte war nicht krank aber geschwächt, habe er nur gesagt: *Ich bleibe noch liegen.*

Sei wieder eingeschlafen und im Schlaf gestorben. Bröcker fügt ein Wort Zarathustras hinzu: *Tot sind alle Götter.* Er sagt nicht, was dieses beiläufige Todesritual zu bedeuten hatte, und ich zweifle, ob ihm der Gedanke kam: So stirbt man nur, wenn man guten Gewissens ist. Ob sich im nächsten Millennium ein Bayle finden wird?

Für den Liebhaber ›Letzter Worte‹, der einmal in Ermangelung des faktischen das angemessene hatte erfinden wollen, war es eine Enttäuschung, und es gibt wenig Trost, daß Bröcker in seinem Brief an mich (19. 11. 87) hinzufügt: *Wortlaut vielleicht ungenau.* Aber doch kaum ungenau genug?

Trotzdem bin ich zuversichtlich, daß meine Fiktion – weil Fiktionen doch immer stärker sind als Fakten – überleben wird.

Heidegger – Einfluß auf Theologie

Heideggers Einfluß ist unselig, nicht weil er der Theologie[21] andere Kategorien geliefert hat, sondern weil er den Theologen sprachliche Ausflüchte ins Prätentiöse angeboten hat, wie man immer an der Verwendung von ›vulgär‹ sehen kann. Zwischen *common sense*-Anpreisung und Vulgaritätsdisqualifikation spielt sich auch die Theologie ab.

21 Werner G. Kümmel, Dreißig Jahre Jesusforschung. Königstein/Ts. 1985, 206: Heideggers Zeitbegriff und das Unverständnis des vulgären Zeitbegriffs für Jesu Naherwartung bei Eta Linnemann.

Die Versuchung zum Schlußmythos

An Abgründen kann entlang-, auf sie kann zugegangen werden. Es mag, mit Pascal, als das Risiko des Menschen gelten, seinen Weg auf dem schmalen Grat zwischen den Unendlichkeiten zu finden. Schopenhauer sah den Menschen auf den Abgrund zugehen, getrieben vom Willen, der sich selber nicht Halt zu gebieten vermag; doch ist dem Wanderer – sonst wäre die Geschichte schon unerzählbar geworden – eine Laterne in die Hand gegeben, die des Intellekts, die ihm rechtzeitig den Abgrund wahrzunehmen und vor ihm umzukehren ermöglicht. Der vom Willen sinnlos Getriebene und das Restlicht der Aufklärung – dieser Antagonismus läßt die Menschheit fortexistieren.

Auch Schopenhauer bleibt beim Rezept der Philosophen seit Plato, einen Mythos zu erzählen, wenn die Begriffe in die Sackgasse geführt haben. Einer seiner ›Apostel‹, Julius Frauenstädt, hatte ihn gefragt, wie denn der Wille sich durch reine Anschauung, mystische Beschaulichkeit, rigorose Askese zu etwas zwingen lasse, was außerhalb seiner ›Natur‹ liege, das Leben hervor- und voranzutreiben. Es sei ganz einfach, schickt Schopenhauer seinem ›Mythos‹ voraus: *Ein Wanderer verfolgt, mit einer Laterne in der Hand, einen Weg; plötzlich sieht er sich an einem Abgrund stehen und kehrt um. Der Wanderer ist der Wille zum Leben, die Laterne der Intellekt; beim Lichte dieser sieht der Wille, daß er auf einem Irrwege sich befindet, an einem Abgrunde steht, und er wendet sich, er kehrt um…*[22]

Nun setzt diese Geschichte, betrachtet man sie scharf genug, schon voraus, daß der Wille nicht so ganz und absolut Wille

22 Arthur Schopenhauer, Gespräche ed. Arthur Hübscher Nr. 122, 93.

ist, wie er es sein müßte, um Schopenhauers Prämissen zu genügen. Er enthält einen Anteil Vernunft, obwohl er der Wegleuchte des Intellekts bedarf, um sie auszuüben. Denn ›Vernunft‹ ist im Kern – und nicht nur peripher – die Unterwerfung unter die Maxime der Selbsterhaltung. Hätte der Wille diese Maxime nicht in seinen ›Willen‹ aufgenommen, würde ihm der Anblick des Abgrundes ›bei Lichte‹ nichts bedeuten. Er triebe das Individuum hinein, denn davon hat er doch beliebig viele und genug in petto.

Die Schwäche des Mythos ist sein geringer Allgemeinheitsgrad. Es kann immer nur ein kontingenter Fall sein, auf den das Muster zutrifft; es ist nicht die Welt in ihrer ›Geschichte‹, die man hier auf dem Wege zum Abgrund und vor der durch Beleuchtung gesicherten Umkehr sähe. Der Wille ist in zahllosen Einzelwesen auf den Wegen, und es gibt keine andere ›Geschichte‹ als deren Geschichten. Keine dieser Einzelerfahrungen kommt irgend einem Ganzen zugute. Das Schicksal der Welt wird nicht am Abgrund gewendet oder aus den vielen Abgrundvermeidungen auch nur beeinflußt. Schopenhauer hat ausdrücklich abgelehnt, es mit ›Welträtseln‹ aufzunehmen. *In der einen Erscheinung verneint sich der Wille, in der andern nicht. Wie das zugeht, weiß ich nicht; denn ich habe es nicht auf mich genommen, alle Räthsel der Welt zu lösen.* Dieses Eingeständnis ist aller Ehren wert; nur macht es unter der Hand aus der ›einfachen‹ Geschichte eine schwierige.

Das Dunkel der Nacht – der Weltnacht? – belebt sich, wenn zahllose Wanderer mit ihren Laternen in allen Richtungen unterwegs sind, wo überall Abgründe lauern können – oder nirgends. An ein ›Nirgends‹ hat Schopenhauer nicht gedacht; er hält für selbstverständlich, daß der vom Willen in Bewegung Gehaltene schließlich an einen Abgrund gerät, als sei in dieser Topographie – wie in der umgekehrten des Waldes bei Descartes – Abgrund ringsum und damit Begrenzung jedes Weges. Dann wäre die Welt metaphorisch wieder die alte endliche Scheibe, an deren Rand es nur Abstürze geben kann. Was aus denen wird, die die Laterne des Intellekts im letzten Augenblick umkehren läßt, ist zwar nicht gesagt, doch unschwer zu erraten: Sie treffen einander auf dem Rückweg am Kreuzungspunkt ihrer Wege und werden sich einig in der ›Erfahrung‹, daß Schopenhauer recht genug habe, um sein Jünger, Apostel oder gar Evangelist zu werden. Dann würde es vielleicht möglich, daß nicht beliebig viele das Abenteuer, sich vom Willen antreiben zu lassen bis ans Bodenlose, erst eingingen. Dann gäbe es eine Anreicherung der einzigen Tugend, die gegen den urmächtigen Willen standhalten ließe: die der Besonnenheit durch Innehalten.

In dem letzten Brief, den Schopenhauer überhaupt geschrieben hat, unterm 1. September 1860 gerichtet an zwei tschechische Militärschüler, die ihm Einwände gemacht hatten, bringt er die Gesamtheit der Vorhaltungen auf die eine Formel, sie bedienten sich der Begriffe von Raum, Zeit, Kausalität – und das sei für alle Fragen nach dem Letzten des Willens unzulässig. Wobei sich von selbst versteht, daß man anders gar nicht reden könne, nur sich zugleich dieses Zwanges zum Verbotenen bewußt sein müsse, nicht um ins Schweigen zu flüchten, sondern um sich des Mythos als Mythos zu bedienen.[23]

Das Unzulässige bekommt eine andere Qualität, wenn es das Unvermeidliche ist; doch nur dann, wenn der Philosoph die ›dritte Option‹, die der *epochē*, die der Wittgenstein-Maxime, darüber zu schweigen, worüber man nicht sprechen kann, ausschlägt – er kann sich darauf berufen, daß auch Wittgenstein sie nicht durchgehalten hat, als er den Pluralismus der Sprachen akzeptierte.

Schopenhauer, um von diesem nicht länger abzuschweifen,

23 Schopenhauer, Briefe ed. Hübscher Nr. 503, 483.

hat im Konzept des Briefes an die beiden Tschechen gegen die eigene Vorschrift verstoßen. Da steht: *Auch kann man auf Ihren Einwurf erwidern: Wenn durch Einen, der den Willen verneint, die Welt verschwindet, so ist sie vermöge eines Andern, der ihn bejaht, wiederhergestellt. Die Wahrheit ist: für den, der sie will, ist sie stets da, für den der sie nicht will, ist sie nicht.*[24] In der Handschrift des Briefes fehlt die letzte Dualisierung. Vielleicht ist dieses Zurückweichen keine Unsicherheit, sondern Rücksichtnahme auf die Adressaten; wahrscheinlicher ist, daß der Philosoph merkte, es würde nicht zu seinem Wanderergleichnis passen, wenn die Umkehr am Abgrund um den Preis des Erlöschens der Welt möglich geworden wäre. Wie auch immer: Einer der beiden Adressaten widmete seine Freizeit als Hauptmann der Artillerie der Farbenlehre Schopenhauers, dessen Maßstab für seinen Überlebenswert er damit entsprach.

24 A. a. O. 641.

Vorsicht im Umgang mit Engeln

Ob es den ›großen Theologen‹ geben *darf*, da doch angesichts des Gegenstandes seines *Logos* jeder nur ein Kleinster sein *kann*, mag auf sich beruhen bleiben, da wir wissen, daß es auch unter dem Unendlich-Kleinen – wie unter allen Unendlichkeiten – Größendifferenzen gibt. Unter dieser Vorsichtsmaßnahme ist also die Frage zu stellen, was denn Kriterium für die ›Größe‹ eines Theologen sein mag.

Eine simple Antwort sei riskiert. Der ›große Theologe‹ zeichnet sich aus nicht durch die Fragen, die er *stellt*, vielmehr durch die, die er *verhindert*. Die Art, wie das geschieht, mag in die Kompetenz der Rhetorik verwiesen werden; das ist Definitionssache. Wichtig ist, daß nicht ein Frageverbot die Enttäuschung an der Theologie hochtreibt. Beantwortung und Verhinderung der Frage müssen ineins gehen, verwechselbar werden. Augustin war einer der frühesten Meister dieser ›Kunst‹, nachdem die ersten patristischen Jahrhunderte mit der Illusion umgegangen waren, es seien in der Offenbarungsurkunde alle Fragen beantwortet, man habe es nur noch nicht auf die rechte Auslegungsart herausgefunden. Man denke daran, wie nach dem Ende des ersten christlichen Jahrtausends Anselm von Canterbury das Fazit solchen Frageübermuts in »Cur deus homo?« zog. Das war, trotz des gewaltigen Einflusses auf ein weiteres Jahrtausend, keine ›große Theologie‹. Augustin hatte auf die viel mehr um den ersten als den zweiten Artikel kreisende Grundfrage der gegengnostischen Genesis-Auslegung *Cur deus creavit caelum et terram?* die ebenso erschöpfende wie abweisende Antwort gegeben: *Quia voluit*. Nichts weiter – kein Ersatzbedarf für die gefallenen Engel auf dem langen

Umweg über eine mittels der Erde heranzuziehende Seligenschar. Das *Quia voluit* war *nichts und alles*. Das stigmatisiert es als ›große Theologie‹. Es hätte die Scholastik nicht zu geben brauchen, wäre es dabei geblieben. Und damit nicht das gnostische Rezidiv eines dem Dualismus gleichkommenden – freilich: ebenfalls voluntaristischen – Gottes, dessen Folgeschäden zu reparieren das Unternehmen der Neuzeit herausforderte. Luther hätte sie verhindern können; doch hatte er zuviel anderes im Kopf als nur eine ›große Theologie‹.

Als am 30. April 1532 der Lübecker Reformator des Katharineums, Bugenhagen, nach Wittenberg in Luthers Tischrunde zurückkehrte, warf er gleich einige der leidigen Fragen über die Engel auf – an denen Anselm soviel Schuld trug: Wann sie denn geschaffen worden seien und warum die Sünde Luzifers nicht auch zur Quasi-Erbsünde der Engel wurde. *Ratio est quod non sicut nos per propagationem creati sunt, sed simul.* Also: Keine Erbsünde, weil kein Erbgang. Aber ging die Behauptung des *simul creati* nicht über das hinaus, was notwendig gewesen wäre zu sagen: Sie sind nicht durch Fortpflanzung entstanden?

Luther hält sich in dieser Sache zurück, bibelpositivistisch: Moses habe über die Erschaffung der Engel nichts geschrieben, da er sich ans Sichtbare gehalten habe und keinen Anlaß zur Spekulation geben wollte (*noluit dare occasionem speculandi*). So 1532 im Oktober. Die Spekulation führe zur Geringschätzung dessen, was wirklich dasteht, und zur Fehlrichtung des Suchens auf das, was dann als das Höhere erscheint. Der Bibelübersetzer, der doch unter dem Wortreichtum der Urkunde gelitten haben mußte, ist dankbar dafür, daß nicht noch mehr dasteht: *Vnser Herr Got hat recht thun, das er vill ding nit hat lassen schreyben* ...[25] Und

25 Luthers Werke Band VIII; Tischreden Nr. 318, 319. Berlin 1930, 42 f.

wer dann noch Fragen hat? Für das Unbeantwortete und Unbeantwortbare gibt Luther – bei Erörterung der Frage, ob die *monstra* zu taufen seien, wenn sie nämlich eine Seele hätten – die Standardformel: *Ich ways es nit, hab Gott nit drymb gefragt*. So nahe liegt die ›große Theologie‹ bei der Ironie.

Abwehr der *Spekulation* ist nicht gleichzusetzen mit Ausschluß der *Imagination*. Die scheint zumal bei den Erwartungen der Apokalyptik ihre legitime Rolle zu haben. In der Erwartung des Höllensturzes von Türken und Papst ist nichts mehr Spekulation; die Angelologie wird als Hoffnungsfaktor auf die Streitmacht Gottes unmittelbar ›praktisch‹: Rhetorik der Furchtlosigkeit, der anschaulichen Heilsgewißheit: *Diß ist mein imaginatio, vnd stehe gewiß darauff, das die Engell itzt schon* (sc. 1540) *in der rustung sein vnd ziehen das harnisch an vnd gurten die wehr vmb sich, den der jungste tag bricht schon herein, vnd die engell rusten sich zum streitt vnd wollen den Turcken sturtzen mit sampt dem bapst vnd in grundt der hellen schlagen.*[26]

Der Praktische Angelologe fällt notwendig von seiner theologischen ›Größe‹ ab, sobald es um die Beihilfe der Imagination geht, die weder spekulativ noch visionär sein darf, sondern den Typus der ›absoluten Metaphorik‹ für ein Postulat darstellt, das sich aus der Positivität der Schriftökonomie ergibt. Denn von der kontingenten Koalition des Unheils zwischen der Hohen Pforte und dem Heiligen Stuhl konnte die Inspiration sowenig wissen wie jederzeit die gläubige Leserschaft. Dazu gehört die Konstellation des Augenblicks dessen, der das Selbstbewußtsein hat, seine Lebenszeit erfülle das Maß der Weltzeit.

Fragt man sich nun, ob Johannes Bugenhagen – der zur Zeit dieser Tischsitzung wohl gerade das Schulwesen in Hildes-

26 A. a. O. Nr. 5337, 288.

heim ›reformierte‹ und auf den Trab der vorapokalyptischen Dringlichkeiten brachte – mit Luthers *imaginatio* zufrieden gewesen wäre, so muß man das verneinen. Man übersieht leicht, daß Luther gar keine Antwort auf eine Frage sucht, vielmehr eine Gewißheit mit Bildmitteln ausdrückt, mit denen ihn die Schrift im Stich ließ. Übrigens verhält es sich ähnlich mit seiner Dämonologie: Was er von der Aktivität Satans weiß, hat zeitbezogene Unmittelbarkeit in drastischen Bildmitteln. Es ist keine beiläufige Beobachtung, daß Angelologie und Dämonologie dem Theologen komplementäre Lizenzen zur Imagination geben, ihm jedoch jede ›Größe‹ in seiner Profession verweigern.

Vernünftigerweise gefragt?

Es ist schon ein großer und nötiger Beweis der Klugheit oder Einsicht, zu wissen, was man vernünftigerweise fragen solle, schreibt Kant zur »Idee einer transzendentalen Logik«, diese einleitend. Ist es *vernünftigerweise* gefragt, ob man denn ›rechtzeitig‹ – und das kann doch nur heißen: im voraus – wissen könne, daß eine Frage *vernünftigerweise* gestellt werde?

Es ist doch bezeichnend, daß Kant dem ohne Beweis von Klugheit und Einsicht Fragenden androht, er werde beschämt dastehen und zudem daran schuldig sein, daß ein anderer die Frage ›unbehutsam‹ anhöre und zu ungereimten Antworten ›verleitet‹ werde, um den *belachenswerten Anblick* zu bieten, der nach Redensart der Alten darin besteht, daß einer *den Bock melkt, der andre ein Sieb unterhält.* Wie man auch immer das Risiko dessen einschätzen mag, der seine Fragen nicht klug genug bedacht hat – es ist eine eigentümlich unsokratische Ängstlichkeit, den ›belachenswerten Anblick‹ zur Bedrohung des Klugheitsmangels bei Frage und Antwort zu machen. Hatte nicht die Philosophie mit einem begonnen, der zu Recht verlacht wurde? Und mit einem ihre bleibende Figuration gefunden, auf den die Urgeschichte wegen seiner Furchtlosigkeit vor dem Lachen der Klugen ›angewendet‹ worden war?

Hatte Sokrates ›vernünftigerweise‹ gefragt, was Tugend sei, oder war es nicht vielmehr ganz überflüssig gewesen, nach dem zu fragen, was jeder sehr wohl wußte, aber deswegen doch noch nicht für sich gelten ließ? Und hatte nicht derselbe Sokrates seine Fragen gerade so gestellt, daß auf sie nur ›unbedacht‹ geantwortet werden konnte, der dialektisch

Verleitete mit allem Bedacht in den *belachenswerten Anblick* versetzt wurde?

Wollte man Kants Vorsicht und Behutsamkeit folgen, müßte man also ein gehöriges Stück – wenn nicht mehr – von der Geschichte der Philosophie der Unklugheit zur Last legen. War es unklug gewesen, Beweise für die Existenz Gottes zu verlangen und zu erfinden, wenn doch eines Tages der Beweis, daß sie unmöglich seien, vorgelegt werden konnte? Oder enthält nicht vielmehr dieser Beweis so wichtige Einsichten zusätzlich zu der, daß Gottesbeweise unmöglich seien, daß allein dadurch die verfehlten Antworten die Frage dennoch ›vernünftigerweise‹ gestellt sein ließen?

Kant nimmt das Kernstück des Positivismus vorweg: Es seien nur solche Fragen zulässig, für deren Beantwortung das Verfahren angegeben werden kann. Dabei ist sehr fraglich, ob Fragen ohne Verlustrisiken darauf ›zensiert‹ werden können, daß es ›vernünftig‹ sei, sie zu stellen. Der hier auftretende Vernunftbegriff ist von Husserl nicht ›unvernünftigerweise‹ als *mythisch* bezeichnet worden. Er appelliert an eine Instanz, die Kafkas Gericht zu nahe kommt.

Beschränktheit oder Beschränkung?

Es gibt Philosophen, deren Stolz ist es, wenig gelesen zu haben. Sie stocken gern das Wenig zu einem Fast-nichts auf. Man wird sanft genötigt, die kaum vorhandene Bibliothek auf ein paar gehobelten Brettern zu besichtigen und sich zu überzeugen, daß die überwiegenden Dedikationsstücke nur hinten beim Register aufgeschnitten sind. Warum nicht?, pflegte ein Fachgenosse zu sagen, der mal mein Dienstvorgesetzter war.

Ein gutes Argument für solche Ökonomie ist der Hinweis, wie wenig doch ein Kant vom Kanon der philosophischen Literatur aus erster Hand gekannt habe. Kant wußte, was Plato und Aristoteles wie ihre Nachfolger geschrieben hatten, aus Jacob Bruckers »Kurtze Fragen aus der Philosophischen Historie«, der auch Goethe seine Abneigung gegen das Philosophische zu danken hatte. Aber Kant wurde trotzdem Kant, Goethe ohnehin Goethe.

Allerdings, nach Kant kam Hegel und vollzog die Elevation der Philosophiegeschichte zur Arbeit des Begriffs, zur Selbstwerdung des objektiven Geistes. Mit den Biographica und ›Geschichtchen‹ war es vorbei. Das Faß des Diogenes hatte seine Rolle genauso ausgespielt wie die Nachmessungen der Arche des Noach in der Theologie. Die Geschichte der Philosophie bekam die Würde der sich selbst darstellenden Vernunft. Das gab den Philologen die Schlüssel in die Hand: Wo sie nicht vorgearbeitet hatten, behielt die Unvernunft ihre Schlupflöcher. Dennoch darf man hinsehen, wie gründlich denn wirklich gelesen wurde. Wie genau hatte Paul Natorp hingesehen, der immerhin 1903 das erste bedeutende Plato-Buch schrieb? Oder wie gründlich die meisten ›Neukantianer‹ wohl ihren Kant gelesen haben moch-

ten, wenn sie 1924 von Julius Ebbinghaus so ihrer Unkenntnis überführt werden konnten.
Das Risiko zu philosophieren, ohne Kenntnis vom schon Philosophierten zu nehmen, ist groß. Die meisten Originaldenker scheitern daran. Etwa Nicolai Hartmann, dessen Schüler Heinz Heimsoeth zu ›wirklichen‹ Philosophen nur die erklärte, die keine Zitate und keine Fußnoten hatten. Dennoch sollte man nicht zu beobachten verfehlen, wie Gewinn und Verlust sich bei den ›radikal anfangenden‹ Philosophen verteilen. Deren Anstrengungen, so zu tun, als habe es vor ihnen noch nichts derart gegeben, sind nicht nur reizvoll als Amüsement, sondern auch höchst aufschlußreich, wenn die Potenz dem Anspruch nahekommt.
Husserl ist für dieses Jahrhundert einzigartig. Auch wenn man aus dem Staunen nicht herauskommt, was er sich alles hätte ersparen können, wenn er nicht die Verachtung des Mathematikers für Bildung mitgebracht hätte. Als sein früher Schüler Emmanuel Lévinas, 1985 erster Träger des Jaspers-Preises der Universität Heidelberg, nach Husserls philosophiegeschichtlicher Beschlagenheit gefragt wurde, gab er die authentische Auskunft: *Er hatte den Ueberweg gelesen.*[27] Gewiß zum Lachen. Aber ich frage mich, was wir von Husserl hätten, wenn er weniger ›borniert‹ gewesen wäre.

27 Philosophische Rundschau 35, 1988, 19, A. 14.

»Ich bin nicht da«

Ein Motto für die Postmoderne oder für die, die Lust zu ihr haben

Der Satz *Ich bin* ist apodiktisch wahr, weil seine Negation einen Widerspruch enthält.

Dann ist er wahr auch ohne das *Ich denke* als eine seiner Prämissen. Nicht nur, wer denken und sagen kann »Ich denke«, muß ›sein‹, um jenes denken und sagen zu können. Auch *Ich bin* als Bedeutung – also: als nur virtuell Gedachtes oder Gesagtes – ist notwendig wahr: Diese Bedeutung *Ich bin* beansprucht dies, was sie ›bedeutet‹, für sich selbst als Bedeutung. Dies ist der einzige Grund, für sie eine Art von ›Sein‹ anzunehmen, das man ›ideales Sein‹ nennen mag oder anders. Weil es dieses für diese eine Bedeutung geben muß, ist es nicht ohne Sinn, es auch für andere Bedeutungen zu unterstellen.

An einer Tafel steht der Satz *Ich bin*. Er ist notwendig wahr für das Vorhandensein dieses einen Satzes auf dieser Tafel an diesem Ort zu dieser Zeit. Insofern ist er ein okkasioneller Ausdruck: Wird das Angeschriebene von der Tafel weggewischt, ist nur übrig: Als das *Ich bin* dort stand und solange es dort stand, war es wahr – würde es wieder dort stehen, wäre es erneut wahr, unter denselben okkasionellen Beschränkungen. Dieses Bedingte aber verweist auf eine unbedingte Existenz der ›Bedeutung‹ als solcher: Der Satz *Ich bin* ist immer wahr, auch wenn er gerade einmal nicht gedacht werden sollte, als Ungedachter.

Es gibt, auch wenn es sonst nur okkasionelle ›Ausdrücke‹ geben sollte, die den Rang der ›Bedeutung‹ nicht erreichen könnten, diesen einen Ausdruck, der unabhängig von seiner Momentaneität immer ist, was er bedeutet – insofern eine okkasionelle Bedeutung mit ontologischer Existenzimplikation.

Die transzendentale Reduktion bedarf des *Cogito* nicht, insofern das *Sum* seine eigene Bedeutungsbasis, das einzig tragfähige ›ontologische Argument‹, für sich besitzt.

Sein sei kein reales Prädikat? Das wird hier auch nicht verlangt, da es um Bedeutungen, nicht um Gegenstände geht. *to d' einai ouk estin ousia oudeni*, heißt es schon in Aristoteles' Zweiten Analytiken. Sollte dem *Ich denke* das *Ich bin* nicht wesentlich sein, weil die Major dieses Schlusses keines Beweises fähig ist, also ihrerseits einen aus sich nicht evidenten, beweisbedürftigen, aber beweisunfähigen Satz darstellt, so gilt das für den aus keinem diskursiven Gang hervorgegangenen, sondern für sich selbst und ganz einstehenden *Ich bin* nicht.

Es gibt eine Stammbedeutung aller okkasionellen Ausdrükke, die ihrerseits nicht okkasionell, obwohl ihrer Anwendbarkeit nach nur okkasionell einsetzbar ist: eben dieses *Ich bin*. In ihm wird begriffen, was *Ich* heißt, aber auch, was *sein* heißt. Es ist die Formel für das Seinsverständnis des Daseins. Sie geht aus dem Dasein hervor, hat aber von ihm her nicht ihren Umfang.

Für die Absicherung der neuzeitlichen Welterkenntnis ist das cartesische *Sum* mit seiner ersten Zweifelsfreiheit nur ein Nebenertrag, denn der ganze weitere Beweisgang bis zur Garantie der Gewißheitsmöglichkeit durch das *ens perfectissimum* geht über das *Cogito* und seine ersten *Cogitata*, vor allem das der denkenden Substanz von ihr selbst zuerkannte Attribut der negativen *infinitas*. Daß dies gedacht wird und wie es gedacht werden kann, wie die Idee des Unendlichen in die endliche *res cogitans* hineingekommen ist – alles Fragen der *Cogitatio* –, das führt weiter zur ›Übertragung‹ der Selbstgewißheit – als des kurz aufgenommenen Standards möglicher Evidenz – auf die Weltgewißheit.

Dies alles ist bedingend dafür, daß dem *Ich bin* im Vergleich zum *Ich denke* als der primären Selbstbewußtseinsquelle nur Beiläufigkeit zukommt. Zu selbstverständlich ist, daß gewußt wird, was in der Frage danach, ob die Welt denn auch wirklich da sei, dieses *da sein* und Wirklichsein bedeutet; auf die Bedeutungsquelle wird – im erkennbaren Unterschied zu dem Ausnahmefall der *finitas/infinitas*-Genealogie – Beachtung nicht gelenkt. Zu sehr ist es das, was man weiß, ohne klären zu müssen: woher. Mag noch nicht geklärt sein, ob die Welt da ist oder nicht, wie sie mir erscheint – ich jedenfalls bin ›schon mal‹ da, vom *Cogito* her unbezweifelbar gemacht, und das muß daher die vom Weltzweifel her geläufige Bedeutung von ›sein‹ sein, das in jener Zweifelsfrage vorgekommene Prädikat. Der Vorrang der *Gewißheit* für das ›Ich bin‹ hat nichts mit einem Vorrang an *Bedeutung* oder auch nur mit deren Differenz gegenüber dem Weltdasein zu tun.

Macht man sich diese einfachen Sachverhalte von Verdekkung und Übertragung von Gewißheiten und Bedeutungen klar, öffnet sich eine Perspektive auf das, was der Neuzeit auch dann zu tun geblieben wäre, wenn sie auf dem Denkstatus des Descartes verharrt hätte. Sie mußte irgendwann, mehr oder weniger unbefangen, mehr oder weniger bohrsüchtig, nach der Unantastbarkeit der Sequenz *Cogito, sum* fragen, und dabei das Muster der cartesischen Verwunderung für das ›Vorkommen‹ von *infinitas* im logischen Hintergrund auf das *sum* übertragen: Ich bin, denke ich oder habe ich gerade gedacht, und das hätte eigentlich genügt für den Anfang, so daß die ›Erläuterung‹ mit dem *Me esse cogito*, das Zum-Objekt-machen des *sum* ganz überflüssig war. Die Bedeutung des *Sum* ist für sich und aus sich da, und kraft ihrer oder von ihren Gnaden *ist* auch, was die Bedeutung an sich zieht, von ihr Gebrauch macht – so wie die cartesische *Cogitatio*, die sich als *substantia finita* bekennen muß, von der ihr unerreichbaren und doch verfügbaren Idee der *infinitas* Gebrauch gemacht und sich damit unter die Influenz des Unendlichen selbst als der alleinig möglichen *causa formalis* gestellt hatte.

Hat man zunächst gefragt, wie es neuzeitlich nach dem *Cogito sum* weiter gehen konnte (nicht mußte), so kann man auch noch die nächstfällige Frage aufwerfen, wie es denn nach diesem Anfang zuende gehen konnte, wenn überhaupt von einem Ende zu reden Nötigung bestand. Gab der Anfang Aufschluß auf ›Anzeichen‹ des Endes oder gar auf dessen unübersehbare Manifestationen, dessen ›Akte‹ der Besiegelung des vormals Begonnenen selbst?

Ich meine, nur in der Anfechtung des Kerns der cartesischen Elementarsätze *Cogito, sum* könnte so etwas wie ein Ende – oder auch nur: der Wille zu einem Ende – Faktum, Phänomen, Dokument werden. Würde jemals einer den Widerspruch riskieren zu sagen: Ich denke, also bin ich (dabei) nicht? Oder: Ich denke nicht, nur dadurch bin ich? Schließlich: Ich bin nicht?

Die Sehnsucht, nicht zu denken, um ›nur‹ zu leben, mag oft groß genug gewesen sein – die Folgerung: Ich denke nicht, also bin ich nicht, war weder zulässig noch das Indiz des erstrebten Lebens selbst, das doch nur das ungestörte sein wollte – ungestört vom Denken, um so intensiver im ›sein‹. Die Figur des Valéryschen Faust in der Gartenszene mit Mademoiselle Lust ist die Verkörperung des Descartesüberwinders.

Aber auch die Sehnsucht, nicht zu sein, nicht geworden und gewesen zu sein und nie wieder sein zu brauchen, hat sich mit dem Pessimismus der Abfindung mit dem Prinzip des unzureichenden Grundes verbunden. Aber es ließ sich auch unter buddhaischem Sukkurs nicht auf die Formel zuspitzen: Ich bin nicht – im Gegenteil: Dies war gerade der allererst zu überwindende Mangel an Seinslosigkeit, solches nicht sagen zu können. Man entging dem Trotz des Absurden, weil es das Nichtsein nicht oder noch nicht wieder gab.

Das Widerspruchsvolle muß nicht das Sinnlose sein. Es kann den Verzicht auf die Anstrengung der Selbsterhaltung der Vernunft indizieren. Es kann diesen Satz nur geben als Ausdruck des Verzichts auf die Prämisse, es würde noch gedacht oder zu denken sein, um zu diesem ›Resultat‹ zu kommen. Kein Resultat, sondern ein Protest, ein letzter und schwacher, wenn der erblindete und hinsiechende Jean-Paul Sartre die Formel der Aufkündigung des Cartesianismus, einer letzten und endgültig gemachten, gebraucht haben sollte (wir müssen ja wohl nicht alles glauben, was Simone de Beauvoir uns an schöner Stilisierung zum Ausgleich des Unschönen der *criteria realitatis* erzählt hat?): *Ich will nicht denken, um nicht da sein zu müssen.*

Aber noch die Steigerung der *Absencen* zur antizipierten *Absence* erweist sich als abhängig von der Breite der Basis des cartesischen *Cogito*, nicht von der hart umrissenen Enge des *Sum*: Sartre hat gerade erfahren, daß seine Erblindung irreversibel ist, der endgültige Einbruch in den Fonds des *Cogito*. Das *Ich bin nicht da*, mit dem er die Frage, woran er gerade denke, beantwortet, ist die Schwundstufe einer Unendlichkeit. Jetzt erst zeigt sich, was es bedeutet hatte, daß Descartes über das bloße Vorkommen der Idee der Unendlichkeit im Bewußtsein verwundern machen wollte, da sie diesem endlichen Wesen doch wesensfremd sein müsse. Dieses Wesen war nicht endlich, denn es endet, indem es schwindet, sein Unerschöpfliches zu erschöpfen scheint. Die Unwahrheit, die notwendig dem *Ich bin nicht da* nachgesagt werden muß, ist die Rückseite seiner Wahrheit: Einer, der nicht mehr denkt, denkt doch, er sei nicht da. Es ist ein Augenblick des transzendentalen Triumphes.

Die immer wiederkehrende Versuchung der Philosophie, die Welt aus dem Begriff zu machen

Der Hauptsatz des Thales von Milet, alles sei (aus und auf) Wasser, ist ein Anfang der Philosophie ohne Rigorismus. Nachdem eben noch alles voll von Göttern war, ist nun alles zu Wasser geworden. Die Strenge liegt nur im geschichtlichen Schnitt, in der Rezeptur, fortan Sätze ganz anderer Art zu machen als solche, in denen Götternamen vorkämen. Aber der Griff zum Wasser war kein Glücksgriff, wie sich sogleich in der ionischen Philosophenschule zeigte. Man konnte mit demselben Recht die Luft einsetzen, oder nach einigen Fehlversuchen sich darauf zurückziehen zu sagen, am Anfang stehe das Unbestimmte (*to apeiron*).

Viel strenger ist Parmenides verfahren, der alles, was überhaupt mit unbedingtem Anspruch zu sagen war, in dem Satz gesagt fand: Das Seiende ist. Er hatte so recht, weil dieser Satz das Urbild aller ontologischen Sätze war. Denn daß das Seiende ist, ist unabhängig davon wahr, ob es ist; zugleich aber gilt doch auch, daß, wäre nichts anderes, zumindest dieser Satz, das Seiende sei, durch sein Recht auf ewige Anerkennung da sei und gar nicht nicht-sein könne. Darin steckt der parmenideische Ansatz zu jedem Platonismus: Das, was unbedingt wahr ist, kann nicht nicht sein.

Es gibt nicht viele große, entscheidende Schritte der Philosophie, trotz des Aufwandes und Windes, den sie durch die Geschichte hindurch gemacht hat. Erst mit Leibniz wird nach Parmenides ein solcher Megaschritt getan, indem er zeigt, daß es so etwas wie einen zwingenden Anspruch auf Dasein gibt, den das Vollkommene hat. Die existierende Welt ist nicht deshalb die beste aller möglichen Welten, weil hinter ihr das Wohlwollen ihres Schöpfers steht (was Leibniz natürlich nicht bestritten hätte); es gilt das Umgekehrte, daß die beste denkbare Welt für sich das Prädikat der Existenz erzwang, weil das Denkmöglichgute dieses ohne Existenz nicht wäre. Insofern hat Leibniz einen erweiterten Gebrauch vom sogenannten Ontologicum des Anselm von Canterbury gemacht, dessen Gottesbeweis verlangt, daß im Begriff des vollkommensten Wesens dessen Existenz enthalten sei: es also gar nicht anders könne als zu existieren. Dennoch liegt im Übergang des ontologischen Arguments von Gott auf die Welt dessen ganze Schwäche, die so groß ist, daß sie sogar auf den Gottesbegriff zurückschlägt. Denn wenn die existierende Welt die beste der möglichen sein soll, legt ihre erfahrbare Qualität doch die Gegenfrage nahe: Wenn dieses da das Beste sein soll, muß es dann nicht das noch Bessere sein, das Beste existierte nicht? Und das wird noch im Jahrhundert von Leibniz auf Gott zurückschlagen: Wenn vom vollkommensten Wesen wahr sein soll, was die Theologen von ihm sagen, dann müßte jeder Vernünftige wünschen, es existierte nicht. Nur klein, aber entscheidend ist der dann nächstliegende Schritt: Wenn das vollkommenste Wesen nicht vollkommener sein kann, wäre die Konsequenz seiner erreichbaren Vollkommenheit, daß es als *causa sui ipsius* von diesem Inbegriff seiner Macht Gebrauch machte und zur Ursache seiner Nichtexistenz (*causa sui non-entis*) würde. Das kann und will aber weder der ›Wille‹ Schopenhauers, noch wäre es Ursache für Nietzsches Tod Gottes. Die Philosophie hat ihren letzten Schritt noch nicht getan.

Logokratie

Zu wissen, was wir tun müßten, um keine Weltbilder mehr zu brauchen, keine metaphorischen Ausflüchte und schon gar keine Mythen, wäre ein philosophisches Bedürfnis ersten Ranges. Sollte man aber den Verdacht haben, daß die Antwort darauf nicht sehr schnell gefunden werden und nicht sehr deutlich ausfallen würde, so ist, dies wissen zu wollen, nur die eine Sache. Teillösungen, kleine Probestückchen einer neuen Kunst des Dialogs und der vernünftigen Strategie, genügen nicht, um den Einwand abzuwehren, wie man bis auf weiteren Fortgang und endlichen Erfolg denn lebensweltlich lebensfähig bleiben könne – auch unter dem Gesichtspunkt, daß jedes gründlichere Verlangen nach Begründungen im Maß seiner Ansprüche und seines Kraftaufwands dieses Geschäft doch in die Hände der Professionellen und Funktionäre abdrängt. Gefordertes Selbstdenken wäre also nicht das von jedermanns Selbst ohne weiteres, auch wenn alle Bedingungen in Vorschriften gefaßt, ›rechtsprachliche‹ Festlegungen verbindlich vorgenommen wären und man über einiges schon einmal lossprechen dürfte.

Lassen die Gewinne das Recht erkennen, die Verluste durch Sprachverbote aller Art in Kauf zu nehmen? Es muß eine Abschätzung auf humane Zumutbarkeit der Regelungen solcher Art geben, und das ist die andere Seite des Problems ihrer bloßen Begründbarkeit.

Die Begründer von Begründungssystemen mögen eindrucksvoll genug am Werk gewesen sein, sie haben nie verhindern können, daß ihre Apostel und schließlich ihre Wachtturmverkäufer daran gingen, Diktate der Bedingungen zu erlassen, unter denen überhaupt von anderen noch mitgeredet werden darf. Strategien werden da zu Zwangsritualen, die zwar Gläubige, aber auch Flüchtlinge erzeugen.

Sieht man auf die Epigonen, kann man im Gedenken an die Meister der Schule nur trauern, wie jene, die ihren Mitmenschen höchste Genauigkeit abzufordern gelernt haben, sich selbst den nebulosesten Ausdruck ihrer Gedanken oder Ungedanken durchgehen lassen.

Das Hufeisen

Ein bedeutender Physiker hat über seiner Haustür ein altes Hufeisen angebracht. Zu Zeiten, da man noch verlorene Hufeisen von Pferden zufällig auf Wegen und Feldern finden konnte, galten sie als Glücksbringer. Das Omen war aber an den Zufall des Fundes gebunden, der sich durch eine künstliche Antiquität nicht beliebig ersetzen läßt. Das hat sich vergessen.

Es hatte auch nichts damit zu tun, daß man jenem Physiker nicht glaubte, er glaube an das ungefundene Hufeisen.

Danach gefragt, antwortete er, die Leute hätten ihm gesagt, es bringe Glück. Ob er den Leuten denn glaube? Die Leute hätten ihm gesagt, es wirke auch, wenn man nicht daran glaube.

Das ist mehr als ein Paradox. Es spricht eine Erwartung aus, der zu genügen Religionen und ihre Theologen von altersher große Anstrengungen unternommen haben – so erfolgreiche Anstrengungen, daß Reformatoren und Philosophen ihnen gerade darin höchst eindrucksvoll widersprechen konnten: auf die Sache komme nichts, auf den Glauben und die Gesinnung alles an.

Dem zuzustimmen, hat immer die Genugtuung verschafft, man wolle sich das eigene Heil nicht billig zu stehen kommen lassen. Dann aber die Sorge, ob man den Glauben auch habe; die Verzweiflung, die Gesinnung nicht erzwingen zu können, den Feind nicht zu lieben, wie es doch geboten sei. Heimlich wächst immer wieder der Wunsch ins Große, es möge doch das gnädige Angebot an den Menschen gemacht worden sein, etwas Wirksames für sich zu tun nur dadurch, daß er es überhaupt tue.

Das hämisch verachtete Prinzip, es lasse sich das Glück auch *ex opere operato* erwirken, erweist sich im Rückblick auf die Geschichte der Theologie in allen ihren Spielarten als Krönung dessen, was ein Gott, der keinen Grund hatte, es den Menschen peinlich schwer zu machen, zum Erweis dessen ihnen anbieten mußte. Alles andere verrät einen halbherzigen Gott.

Guter Theologe – wie Physiker es heute nun einmal sind –, hatte der Hufeisenbesitzer ganz recht argumentiert, es genüge den Leuten zu glauben, die sagten, Hufeisen brächten auch dann Glück, wenn man nicht daran glaubt.

Selbsterfahrung

Mit den dürftigen Resten des Bleisatzbestandes hat die Setzerei für das fünfte Kapitel des Sechsten Teils den Fettdruck der Überschrift zusammengebracht: *Die verkehrte Umwelt*. Der Philosoph, links und rechts die ihm zugearbeiteten Korrekturen, stutzt. Den Siebzig nahe, kommt er sich fremdartig vor: Nun begann er doch noch seine ›Modernisierung‹, sein *aggiornamento* mit tagessprachlicher Liturgie, seine Prostration vor der Aktualität, in Richtung auf Idolatrie des Zeitgeistes. Da ist der Alte nun auch, würde man sagen, und dazu noch mit der banalen Wortspieligkeit, aus der schon vielfach ›verkehrten Welt‹ eine ebensolche ›Umwelt‹ zu machen. Anwärter auf Ehrungen als ›Schöpfungsbewahrer‹ durch Aufschreiverstärker? Nun hatte er sich, nach den mißlungenen Demütigungsattacken der letzten Strecke seiner akademischen Laufbahn, noch selbst gedemütigt. Mit Rabatt, noch dazu.
Gestutzt hatte er, nun kommt der Zweifel. Aber die mikrologisch zuverlässige Verlagskorrektorin hatte an der Überschrift nichts zu beanstanden gefunden, und der langjährige Mitarbeiter, sachkundig nicht nur, sondern auch vertraut mit den Toleranzen des Autors, sich zu vertun und das Angemessene zu verfehlen, ließ die Überschrift mit seinem für Greisenaugen allzu feinen Bleistiftstrich passieren. *Nil obstat*, mußte es bei ihm geheißen haben. Der Autor beugt sich den Autoritäten, fügt sich in die Enttäuschung an der eigenen Debilität, legt das nächste Blatt drauf und drüber. Er weiß, was ihm blüht, sich über sich selber zu ärgern, wenn er das in der Endgültigkeit des Buches eines Tages vor sich haben wird. Die Welt war schon immer nicht in Ordnung – nun war es auch seine nicht mehr.

Das Kapitel ist lang. Tagelang sind die vorgeschlagenen Änderungen abzuwägen, ob sie dem Leser Erleichterung bringen können, ist die Lesbarkeit der Sätze in den engen Grenzen zu prüfen, die der Autor gegenüber der eigenen Diktion hat. Der Zweifel an der Kapitelüberschrift lief mit, bohrte sich tiefer, wurde an jedem Satz beinahe bestärkt. Aber da waren doch zwei Wächter gewesen, mit denen er nicht mithalten konnte an hellwacher Akribie. Merkwürdig, daß sich die ganze Prozedur ständig in diesem Dreieck hielt, wie gebannt und ritualisiert: der Autor und seine Wächter. Dagegen war der Inhalt des Kapitels ohnmächtig, als gäbe es ihn gar nicht, um darüber mitzubestimmen, was über ihm als seine Kenntlichmachung stehen sollte. Unabgewürgt blieb wohl der Widerwille des Autors, sich beim Konformismusversuch erwischt zu haben. Am 4. Juni 1982 hatte er in den berüchtigten Proustfragebogen eingetragen, was er am meisten verabscheue sei Opportunismus, vor allem der von morgen. Nun war es ›morgen‹, und er war auf der Via adaptationis, noch geheim, nur vor sich selbst entblößt.
So kompliziert kann es darauf zu gehen, das Einfachste zu tun, in diesem Fall: in der Druckvorlage, im Typoskript, nachzusehen. Und da stand in genauer Anmessung auf den Inhalt: *Die verkehrte Unterwelt*. Nun waren nur noch die Beobachter interessant, die es für allzu selbstverständlich gehalten hatten, daß ein Philosoph von Anspruch endlich mal was über die Umwelt sagen müsse und zu sagen haben müsse – verspätet nun auch dieser.

Ein mögliches Selbstverständnis

Ich möchte Sie gern in einer wichtigen Angelegenheit um ein Selbstgespräch ersuchen.
Zirkusdirektor Cotrelly in Wedekinds »Hidalla«, zitiert nach Alfred Polgars Besprechung vom 28. 9. 1922.

Selbstverständnis ist, was man hat, wenn man danach gefragt wird. Aber vorher? Ich fürchte, man bereitet sich zu sehr darauf vor, danach gefragt zu werden. Man ist sich der Entrüstung und der Verachtung bewußt, die man riskiert, wenn man bei Nachfrage mit einer schlichten Besitzlosigkeitsanzeige reagieren müßte. Dürfte man, aufs äußerste gebracht, etwa antworten: Ich habe mich selbst noch nie verstanden, es aber auch noch nicht versucht?

Wer sich dennoch um ein gepflegtes Selbstverständnis sorgt, nimmt vorweg, was ihm zuteil werden könnte, sofern er sich unbesorgt zu anderem geäußert hat: ohne sein Einverständnis auf jenes abgesucht zu werden. Selbstverständnis ist Vorbeugung gegen ungewünschtes Fremdverständnis vom Typus: Was steht hinter wem? Die Zeiten, da man die menschheitsweiten Verschwörungen finsterer Mächte zu kennen hatte und aus obskuren Quellen auch erfuhr, sind vorbei. Die Unbequemlichkeit ist größer geworden, sich im Selbstverständnis über die das Erkennen steuernden Interessen aufzuklären, um sich für raffiniertere neue frei zu machen. Daß man es nicht gehabt haben wollte, erweist sich beim Selbstverständnis, sobald man es hat, als Indiz dafür, daß es nichts anderes als das Selbstverständliche gewesen war, das man nicht auf sich beruhen lassen durfte.

Fragt man nun nach dem ›Interesse‹, das man haben könnte,

ein Selbstverständnis nicht nur nachzuweisen, sondern auch noch zu besitzen, so liegt mir nahe zu sagen: Es besteht keines. Im Gegenteil: Es stört dabei, das zu verstehen, was man doch vor allem, wenn nicht ausschließlich, verstehen möchte. In einem Anfall von Müdigkeit an der idealistischen Komponente seiner Willensmetaphysik hat Schopenhauer sehr spät, 1848, in den »Spicilegia« notiert: *Die Welt, die Welt, ihr Esel! ist das Problem der Philosophie, die Welt und sonst nichts.* Leider muß der Herausgeber des handschriftlichen Nachlasses vermerken, daß selbst in der privaten Kammer des Philosophen der Ausbruch nicht ungeschoren durchgehen konnte; das *ihr Esel!* wurde nachträglich gestrichen. Für einen, der das erst gar nicht hinzuschreiben sich getraute, eine Enttäuschung.

Gibt es eine Rivalität zwischen der Zumutung, man habe sich gefälligst selbst zu verstehen und von seinem Selbstverständnis Rechenschaft zu geben, und der Ungebrochenheit des Verlangens, die Welt und nichts anderes als die Welt zu verstehen? Man kann es sich leicht machen und antworten: Gerade dies, nichts anderes als die Welt verstehen zu wollen, sei eben der Kern eines Selbstverständnisses. Dieses mag sich aus der Unerträglichkeit nähren, ein Leben in einer Welt hinzubringen, aus der man davongehen könnte, ohne sie verstanden zu haben. Nicht die Welt ist die Episode – ich bin es. Daraus könnte alles folgen.

Wäre Selbstverständnis das Resultat von Selbsterkenntnis? Doch wohl kaum. Selbsterkenntnis muß sich mit dem abfinden, was sie vorfindet, sofern sie es findet. Selbstverständnis wird zumeist genommen als Inbegriff von Lebenskonzept und Daseinsprogramm. Es regelt die Selbsteinfügung in öffentliche und private Zusammenhänge, die Verträglichkeit von Wünschen und Absichten – obwohl man bei den Wünschen an die Heimlichkeit nächtlicher Einschleichungen ins Bewußtsein rühren könnte. Versteht sich einer, der seine heimlichen Wünsche zu kennen gelernt hat, besser als einer, der sich sein Wunschprogramm zurechtzimmert und in Absichten übersetzt? Vielleicht ist eine Antwort auf die Frage nach dem Selbstverständnis die, man verstehe sich gerade darin, daß man an sich nichts zu verstehen findet.

So viel Mißtrauen, so viel Philosophie, schreibt Nietzsche in der »Fröhlichen Wissenschaft«. Ob man ihm das noch nachsprechen sollte? Es ist wirklich erstaunlich, mit welcher Großzügigkeit sich die Philosophie Mißtrauen geleistet und anderen Disziplinen vorgeführt hat, die daraufhin auch gelegentlich bereit waren, sich in ›Grundlagenkrisen‹ zu stürzen. Erstaunlich ist dies für ein so kurzlebiges Wesen, das sich Mißtrauen nur so weit sollte leisten können, wie es zum Überleben nötig ist. Zweifel durchaus, als das, was uns begreifen, nicht als das, was uns ständig von vorn anfangen läßt.

Aber welches Selbstverständnis kann einer denn haben, der nicht von den großen Zweifeln geschüttelt wird, die der Philosophie die Erkenntnistheorie zur Hauptaufgabe gemacht haben? Um die Jahrhundertwende, als die Phänomenologie gegen sie begründet wurde, hießen sie Psychologismus, Historismus, Relativismus, im dritten Jahrzehnt des Jahrhunderts vor allem Anthropologismus. Welches Selbstverständnis kann einer haben, den der Ideologieverdacht nicht nächtens plagt, dem das Mißtrauen gegen Verblendungszusammenhänge nicht noch am hellen Tage zusetzt? Der aber auch nicht vom großen Vertrauen getragen und gewiegt wird, er könne dem Sinn von Sein um die nächste Ecke der Winkelzüge des Daseins begegnen oder gar auf die Parusie des Seins selbst warten? Was bleibt dem an Selbstverständnis, der von einer Anthropologie nicht fürchtet, sie werde durch Nachweis von Konstanten des Menschlichen den Weg zu dessen Totalveränderung blockieren? So einem können alle sagen, was er nicht ist, und haben dann auch noch recht.

Zum Selbstverständnis eines Philosophen scheint gehörig zu

sein, daß er die Frage »Wozu Philosophie?« ernst nimmt. Was aber, wenn nicht? Er könnte meinen, solche Fragen verschwänden, wenn es Philosophie gibt. Deshalb vergewissert sie sich eher, woher sie kommt, als wohin sie geht und wozu sie dient. Daran nämlich läßt sich begreifen, daß sich auch dann nicht beliebig aus- oder einsteigen läßt, sollte die Frage nach dem Wozu nicht zur Zufriedenheit einiger Räte und Beiräte beantwortet werden. Husserls Antwort freilich, er hätte philosophieren müssen und sonst nicht leben können, ist so anachronistisch geworden wie das Müssen im Sprachschatz der Poeten und anderer Urheber. Statt zu sagen, man könne nicht anders, würde man heute eher bereit sein zu sagen, man könne nichts anderes.

Sollte und darf der Philosoph sich nicht wenigstens in die Nachhut der Aufklärer selbstverstehend einordnen? Die nächste Aufklärung kommt bestimmt, und dann ist die Nachhut Vorhut gewesen. Aber was muß einer tun, um sich vor sich selbst als Aufklärer auszuweisen? Aufklärer leben von den Verfinsterungen der anderen, und welches diese sind, das zu bestimmen geht jeder Aufklärung voran. Ist er zu diesem Kunstgriff nicht bereit, hängt es erstaunlich wenig von seinen Absichten ab, ob er ein Aufklärer wird oder nicht. Es scheint dann an der Eignung verdunkelter geistiger Bestände zu liegen, gerade durch diesen aufgeklärt zu werden.

Sollte die Verlegenheit auf die Frage nach dem Selbstverständnis nicht eine zuviel sein? Das Bedenkliche im Umgang mit diesem zeigt sich daran, daß Selbstverständnis der potentielle Feind des Selbstverständlichen ist. Im Maße, wie dessen Preisgabe ernötigt wird, lockert sich der Boden, auf dem wir stehen und die Fragen erwarten können, die sich durch Unvermeidlichkeit ausweisen. Es liegt Vorsicht darin, Selbstverständnis nur zu haben, wenn man danach gefragt wird, und sich, sollte es zutage treten, so erstaunt zu fühlen, wie der Sklave im platonischen Dialog von seiner *Anamnesis*.

Das Selbstverständliche anzutasten zugunsten des Selbstverständnisses, hat man nicht lange genug gezögert. Wer bei allem wissen will, wie er sich dazu versteht, wird schließlich nichts mehr verstehen; er hat zwischen Sinnverlangen und Sinnverzicht die Ökonomie des Lebens schon lange verfehlt. Eine Philosophie, die immer wissen möchte, weshalb man was tut und ob man's nicht besser lassen sollte, labt sich an den kleinen Konflikten und wird ungewärtig ihrer Ohnmacht vor den großen. Einer, der nicht recht weiß, ob er nicht vielleicht mein Feind sein müßte, tut mir leid – er hat einen kostbaren Augenblick seines Lebens verschwendet.

Wiederum Nietzsche hat die Parabel von einem erfunden, der den unstillbaren Drang hat *zu sehen, was keiner sehen will – sich selber*; dazu noch hat er einen zu großen Mangel an Schweigsamkeit, um nicht preiszugeben, was er bei sich gesehen und verstanden hat. Zuerst erregt er Anstoß, dann Verdacht, wird von der Gesellschaft geächtet, schließlich von der Justiz erfaßt, die ihn den Weg zum Ende gehen läßt. Der anonyme Held der Geschichte war nicht nur mit seinem Defizit an Diskretion geschlagen, sondern dem zuvor noch mit der Undichtigkeit des Schutzschirms, der dem Menschen zu seinem Glück verliehen ist, undurchsichtig zu sein: Dieser war es nicht für sich selbst. Der Bedeckung seiner letzten Blöße bedarf der Mensch eben nicht nur vor den anderen, auf deren Dezenz er nicht rechnen kann, sondern auch, vielleicht noch mehr, vor sich selbst. Die Lust zu sagen, was man sieht, ist eine der Verführungen, die auch vor dem nicht haltzumachen scheint, was eben ›Selbstverständnis‹ heißt.

Fragt man, was zu dem von Nietzsche unverantwortlich genannten Hang führt: zu sehen, was keiner sehen will, stößt man zum abersten Male auf des Menschen Vergänglichkeit.

Das Individuum, das seiner Durchsichtigkeit für sich selbst nicht zu entgehen vermochte, erfährt schließlich diese in einer Einzigkeit, wie sie bei anderem nur die Kostbarkeit des Singulären besitzt – es muß fast unerträglich sein, für sich zu behalten, was der Welt sonst eines kurz bevorstehenden Tages endgültig verloren gehen könnte. Man wird sie zur *Memoria* überreden: durch Rückhaltlosigkeit in der Darbietung eines Unikats. Daher in Nietzsches Parabel die Furchtlosigkeit vor den Folgen: Gefängnis und vorzeitiger Tod. Es müssen nicht immer diese sein.

Denkt man daran, daß die Kurzgeschichte eines Bekenntnissüchtigen 1876 niedergeschrieben ist, verwundert nur die Zeitspanne, die noch nötig war, um die Technik der erlisteten Selbstdurchsichtigkeit zu erfinden, die unser Jahrhundert extensiv beschäftigen sollte. Jener Hang mochte so lange verhängnisvoll erschienen sein, wie er nichts auszurichten vermochte gegen das schleichendste Übel des Menschen: die Vielfalt seines Unbehagens an sich selbst. War aber erst eine Heilsprämie von unendlicher Unbestimmtheit auf den Bruch des Siegels der Verschwiegenheit gesetzt, konnte jener Hang zum Sehen- und Sagenwollen zum Inbegriff von Verantwortlichkeiten für den Menschen avancieren. Selbstverständnis, wie unvollendet auch immer bleibend, verfloß mit einem der großen Versprechen des letzten Jahrhunderts im Jahrtausend: Gesundheit.

Die Schwäche der Philosophie ist, daß sie nicht aufgeben kann, weil sie hinter sich nichts mehr hat, woran sie ihre Lasten weiterreichen könnte, auch nichts haben will und darf. Diesen Hintergrund hat sie als einen unbesetzten zu verteidigen und gegen die Besetzung mit Angeboten abzuschirmen, die aus rätselhaften Gründen gelegentlich erfolgreich sind. Dazu gehören nicht nur die sektiererischen Aktualitäten der Saison, sondern auch und zumal die Formationswechsel in der Philosophie selbst. Für ein mit ihr verbrachtes Leben ist es die erschreckendste Erfahrung, daß auch sie die Phasenwechsel erleidet, der andere Arten von Erregungen des Gemüts unterliegen.

Wenige akademische Jahrzehnte genügen, um dessen inne zu werden, wie wenig dazu gehört, ein neues Vokabular aufzulegen, eine Garnitur von Namen durch eine andere zu ersetzen, die eben Dahingegangenen in tiefe Vergessenheit nicht nur, mehr noch: in eine Art von Verfemung versinken zu lassen. Husserl wurde nicht erst fluchtartig im Stich gelassen, als der Ungeist ihm die Tore der Universität verschloß; ein halbes Jahrzehnt zuvor schon zerging seine Bindungskraft für die phänomenologische Schule so gründlich, daß sie nicht einmal nach dem Zweiten Weltkrieg wiederhergestellt werden konnte. Erst die emphatische Wiederentdeckung eines schon 1924 beiläufig ausgegebenen Stichworts, der ›Lebenswelt‹, wurde ein halbes Jahrhundert später fast zum Erfolg der Intentionen, in deren Zusammenhang es debütiert hatte. Aber eben nur fast.

Das Schlimme an der Erfahrung des Phasenwechsels ist, daß sie gegen das Ganze und seine Geschichte ausschlägt. Sie nährt den Verdacht, seit je könnten die Druckmittel der Zeitgeister so billig gewesen sein wie im eigenen Erfahrungszeitraum. Plötzlich erscheint es nicht mehr als ein Stück sacherzwungener Konsequenz, daß Kant – noch kaum, daß er ausgesprochen hatte – das Wort aus dem Mund und die Fackel aus der Hand genommen wurde, um ins Licht zu setzen, was er im Dunkel gelassen haben sollte – und tatsächlich gelassen hatte. Nicht ohne einige überspielte Verlegenheit, wie wir sie aus den Fragmenten seines Spätwerkes kennen und von der man wohlwollend gemeint hatte, sie sei der Grund für die Jüngeren gewesen, ihm derartiges nicht durchgehen zu lassen. Aber glaubt das noch einer, der der Blütezeiten und Untergänge von Schulen dieses Jahrhunderts ansichtig geworden ist?

Was wäre dem möglichen Selbstverständnis eines Philosophen abzufordern gewesen? Gewißheit, unter der Fuchtel des Zeitgeistes furchtlos zu stehen, wie jener von Horaz beschriebene Stoiker, der noch im Zusammensturz des Himmels unerschrocken aufrecht bleiben sollte? Diese Gewißheit wird es nicht geben. Und nichts ist unverzeihlicher am vermeintlichen Selbstverständnis als dies, sie nicht besitzen zu können. War es nur eine Karikatur oder mehr, was ein kaum oberflächlicher Beobachter vor noch nicht langer Zeit schrieb, in der Philosophie würde es genügen, daß sich drei Assistenten zusammentäten, um einen Autor aus dem Nichts in den Kanon der obligaten Texte emporzuheben? Ach, kaum war das geschrieben, gab es die Assistenten nicht mehr, die dem Analytiker der Lage hätten recht geben können. Sie waren Opfer des Weltgeistes geworden, vertreten durch den Verband ihrer Amtsvorgänger, der überaus erfolgreich gewesen war mit der Forderung, so einflußreiche Ämter abzuschaffen.

Die Philosophie behandle eine Frage wie eine Krankheit, hatte Wittgenstein geschrieben, und nicht zufällig ungefähr gleichzeitig mit dem Ausspruch Freuds, wer nach dem Sinn des Lebens frage, sei krank. Aufs Ganze dieses Lebens hin betrachtet, ist es eine pathologische Sonderbarkeit, Fragen zu stellen, deren Beantwortung, wäre sie möglich, ebenso lebensstörend sein müßte wie ihre Unbeantwortbarkeit. Allerdings, wer sich der Antwort verweigert und sich darauf beruft, nur Fragen seien zu akzeptieren, für die sich das Verfahren ihrer Erledigung angeben lasse, darf nicht aus dem Blick verlieren, daß er anderen den Platz überläßt, den zu besetzen er sich weigert. Was Theologien sich leisten und nur deshalb leisten können, weil sie Verweigerung von Antworten als Anerkennung der Verborgenheit Gottes und seiner Vorbehalte gegenüber menschlicher Neugierde zu integrieren vermögen, hinterläßt in anderem Zusammenhang den

Sog einer Vakanz. Gelingt es aber ohne Antwortverweigerung, die Verlegenheiten Ausnahmen bleiben zu lassen? Wie auch immer, es ist gut, daß wir nicht alle Fragen beantworten müssen. Ich möchte nicht die Frage beantworten, welches die mir wichtigste einfache Wahrheit sein mag, die niemanden kränkt, deren Besitz wohl nicht alle glücklich, aber einige heiter machen könnte. Sie ist von Seneca ausgesprochen worden, mit der Delikatesse, die seine Sprache für uns angenommen hat: *Qui potest mori non potest cogi.* Zu deutsch vielleicht: Wer sich davonzumachen weiß, ist nicht bedrückbar.

Ein noch zu schreibender Brief

Sie haben bei E. R. promoviert, sich akademisch legitimieren lassen.
Haben Sie jemals danach gefragt, was er zwischen 1933 und 1945 alles getan hat?
Ich war mit E. R. befreundet. Ich mochte ihn. Ich habe gefragt, was er zwischen 1933 und 1945 alles getan habe. Ich bin trotzdem bis zu seinem Tode mit ihm befreundet geblieben.
Ich wollte nicht sein, was ich nicht zu sein brauchte: das Weltgericht.

Darf Philosophie schwer sein?

Am Telefon sagt mir Frau H., die im Wintersemester 1957/8 in Kiel meine vierstündige Plato-Vorlesung gehört hat, sie habe nur die Hälfte verstanden und es mir damals auch gesagt, worauf ich erwidert hätte: »Nicht mehr als 10%.«
Das empört mich, und ich repliziere sogleich: »Das ist nicht wahr. So etwas habe ich nie gesagt.« Am ehesten: »Nur 10% vielleicht *nicht*.«
Ich wehre mich nicht nur, weil die mir nachgesagte Äußerung nicht zu mir paßt. Sie ist auch sachlich in der Philosophie fehl am Platze. Das ›Schwere‹ der Philosophie liegt, ihrer Natur nach, nicht bei der Verständlichkeit oder Unverständlichkeit. Sie sind Randerscheinungen ihrer Darstellung und der Schwierigkeit ihrer Hörer, sich auf eine Sache zu konzentrieren, die der äußerlichen Hilfsmittel zur Erregung von ›Interesse‹ ermangelt. Das ist ein Punkt, an dem nur schwer weiterzukommen ist: Philosophie *ist* nicht interessant; sie kann es nur *werden*, wenn man hinnimmt, daß sie es *vorläufig* nicht ist und damit fertig wird.
Die Reaktion, die der akademische Lehrer in dieser Disziplin unter der Voraussetzung erreichter Konzentration seiner Hörer der Sache nach erwarten kann und voraussetzen mag, lautet etwa: »Das ist nicht schwer; aber ich wäre nicht drauf gekommen. Schon gar nicht darauf, was daraus folgt.«
Darin unterscheidet sich die Philosophie nicht von manchem anderen. Den Satz des Pythagoras begreift man leicht; aber man muß zugeben, daß man ›von selbst‹ nicht drauf gekommen wäre. Wer sich ›erzählen‹ läßt, wie wir dazu kommen, für sicher zu halten, daß alle Dinge eine Rückseite haben, kann unmöglich – sofern er zugehört hat – behaup-

ten, das sei schwer zu begreifen. Wohl aber wird er mit Recht sagen, sich eine solche Frage zu stellen, wäre ihm nie in den Sinn gekommen. Schon gar nicht hätte er ihr irgendeine Erheblichkeit zugesprochen, wenn sie ihm als ›Problem‹ von irgendwem bezeichnet worden wäre. Philosophie darf nicht schwer sein. Sonst ist etwas faul bei dem, der sie vertritt – und natürlich ist bei jedem, der etwas vertritt, auch etwas faul. So werden die Sachen ›schwer‹.

15. 10. 83

Der Schmied im Sitzen und andere Denkerposen

Auch dieser Schreiber leidet, wie es sich gehört. Er ist nur noch unentschlossen, woran und worunter. So leidet er vorläufig an der Verlegenheit, sich nicht entscheiden zu können: zwischen der Last des Müssens und der Lust des Könnens. Die zähe Arbeit an der Selbststilisierung ist unvollendet und die Gefahr nicht von der Hand zu weisen, daß er als ein Wallenstein des bedruckten Papiers in die Geschichte der akademischen Provinz eingehen wird. Es wird Zeit, der Sache ihre endgültige Färbung zu geben. Den Statistiken der Lebenserwartung nach ist der Punkt nicht fern, wo ihm die Feder mehr oder weniger sanft aus der Hand genommen wird.

Die Feder? Da fangen die Verlegenheiten an mit der Ausstattung des Selbstbildes. Darf man verraten, der Feder längst entwöhnt zu sein, nicht mehr zu schreiben, sondern schreiben zu lassen? Das letzte Stück an Handwerklichkeit im Wortsinne ist dem Schreiber abhanden gekommen. Aber wer arbeitet denn noch mit der Hand? Und schwitzt es sich nicht auch so ganz schön?

An der Lust wie unter der Last läßt sich schwitzen. Der Dämon peitscht, der gute wie der böse. Und die Nachrufe werden verlangen, daß man es sich nicht zu leicht gemacht habe. Aber wie schwer will man es sich werden lassen? Da kann man sich rhetorisch leicht vertun; selbst große Vorgänger haben es getan. Kant, eben fünfunddreißigjährig und mit der Kosmogonie schon im Rücken, sieht sich oder läßt sich sehen unter der Figur des Schmiedes, den die ungestüme Stimme des Mangels mit ihren Drohungen an seine schwere Arbeit treibt; nur muß der erstaunte Leser des Briefes an Johann Gotthelf Lindner vom 28. Oktober 1759 erfahren,

daß dieser Vulkan sein Handwerk im Sitzen ausübt: *Ich meines theils sitze täglich vor dem Ambos meines Lehrpults und führe den schweeren Hammer sich selbst ähnlicher Vorlesungen in einerley tacte fort.* Mißglückte Metaphern kann man sich nur im Frühstadium der Selbststilisierung leisten.
Die Anfänge der Philosophie hatten unter der entgegengesetzten Norm gestanden. Der antike Weise hätte von sich nicht sagen dürfen, es sei Arbeit, was er mit Kopf betreibe und aufschreiben lasse – denn für die Schreiberei hatte er zumeist einen Sklaven zur Seite, Sokrates ausgenommen, der denn auch vor lauter Fragerei nichts zu Papier brachte. So erweist sich das Selberschreiben als bloße Episode zwischen den weisheitsgemäßen Epochen des Schreibenlassens. Nur müßte der letzthinnige Philosoph es verschweigen, käme er überraschend zum Ergebnis, es sei keine Arbeit, was er mache. Ist sie ihm doch von einem der letzten Schulgründer sogar als ›unendliche Arbeit‹ verordnet worden – die allerdings dann keiner so recht tun wollte, da rechtzeitig das Angebot erging, man brauche nur zu warten und könne es sich mit dem Sein behaglicher werden lassen. Jetzt werden die, die sich aufs Warten verlegt haben, mit einem nahezu unendlichen Nachlaß traktiert. Das wird einen Standard setzen, hinter dem zurückzubleiben zur Unkenntlichkeit verurteilt.
Dem entspricht das jüngste Instrumentarium. Das schwarze Kästchen, das man bequem in der Manteltasche auf einsamen Feldwegen oder Holzwegen mit sich führen kann, sieht harmlos aus: blechern, billig, wegwerfbar. Doch das aufleuchtende Rotlämpchen macht es zum lauernden Monstrum. Die Technik hat da physiognomisch etwas transformiert, was auch archaische Züge hatte: die klassische Sekretärin mit dem Stenogrammblock im Schoß, den gespitzten Weichblei im Ansatz, den Blick auf den Mund des Denkers gerichtet, der sich sparsam verhielt. Je länger die

Stockung des Gedankens dauerte, um so ähnlicher wurden die Züge der Dame dem spöttischen Mitgefühl jener Thrakerin auf der Urszene der Theorie im Weichbild von Milet. Wie vieles vor dem Eingreifen der Technik diktiert worden ist, um nur diesen Blick abzuwenden und aufs Papier zu lenken, den Zug nachsichtiger Geduld zu verwandeln in die verbissene Verlegenheit, mit der Handelsschulsilbenzahl der mäßigen Schnelle des Gedankens zu folgen. Das alles ist nun übertragen in die formalisierte Ungeduld an dem handlichen ›Gestell‹.

Der Philosoph als Arbeiter, der schreiben läßt, ist der Epikureer in der Verlegenheit, sich nicht sagen lassen zu können: Verhalte dich so, als ob Epikur dir zusähe! Man kann sich keinen mehr denken, der einem als Metapher des Über-Ich über die Schulter blickte. Jener Epikur hat seinen Zunftgenossen das Bild einer paradiesischen Lässigkeit hinterlassen: seine Schule ein Garten, er der Herr der Gartenlüste, wie einst der andere am biblischen Zeitbeginn. Doch ist dieses Bild durch den Zufall mitbestimmt: Von Epikur sind, aus leidigen Gründen der Mißbilligung, nur Fragmente geblieben. Tatsächlich war er ein Vielschreiber und dies durchaus mit der Absicht, andere und weitere Schreiber überflüssig zu machen. Steckt davon etwas in jedem, der schreibt? Epikur jedenfalls hatte zu demonstrieren, daß alles, wovon an der Welt im Ernst etwas abzuhandeln war, uns nichts anginge. Für den Menschen käme alles immer auf dasselbe hinaus: *Nihil ad nos!*

Sicher konnte Epikur nicht gewünscht haben, so eingeschrumpft in die Geschichte überzugehen, daß ein einziger mäßiger Band die Stücke des Verbliebenen zu bergen vermag. Ihm war noch nichts von dem Glück erahnbar, das dem Schreiber verheißt, trotz umfassender Anstrengung nur im Fragment stehenzubleiben. Doch muß sich von diesem Gedanken jeder durchdringen lassen, der sich an eine der unendlichen Arbeiten gemacht haben sollte. Denn die Hinfälligkeit der Bücher, die unser Jahrhundert herstellt, läuft materialbedingt auf Kurzlebigkeit hinaus. Wie die Fragmente der Antike zumeist nur durch das Medium der Zitate anderer bestehen blieben, wird zukünftig wiederum nur der Gutwilligkeit von Zitat zu Zitat ausschreibender Monographen anheimgegeben sein, ob es wenigstens zu einer gestutzten Unsterblichkeit kommt. Fragmente kann man nicht wollen. Sie müssen sich durch das Zusammenspiel von Schwund und Festigkeit in den literarischen Transportformen selbst behaupten. *Rien que du maigre* – selbstgesetzter Standard Paul Valérys –, das erreicht keiner ohne das Schicksal, beinahe ganz verlorenzugehen, dafür aber Generationen von ›Hermeneuten‹ leben zu lassen.

Länger als dreißig Jahre lebt kein Buch. Wehe dem, der dann nicht rechtzeitig zitiert worden ist. An solcher Furcht mag es liegen, daß einige ihre Prosa schon hart am Rand der Reihung von Aphorismen erzeugt haben. Dieser Typ des Schreibers ist entschlossen, nicht alles selbst zu tun, um von der Nachwelt williger aufgenommen zu werden, die beschäftigt sein will, gleichgültig womit: mit Widerlegung, Auslegung, Polemik, sogar mit den Entschlüssen zum verächtlichen Nichtmehrlesen. Zwischen dem zufälligen und dem präparierten Fragment steht also die Wahl offen, und es mag nur der von ihr unberührt bleiben, dem die Gabe zur schlagkräftigen wie schlagfesten Kurzformel versagt geblieben ist.

Es wäre seltsam, wenn für eine so absurde Tätigkeit nicht längst alle Phrasen ausgeschöpft wären, mit denen sie sich beschreiben wie rechtfertigen läßt. Muß einer einen bestimmten Leser vor Augen haben, um den Ton zu treffen, der auch anderen eingeht? Vielleicht eine Mixtur aus allen denen, die er sich zu Lesern wünscht oder sich als Leser gefallen lassen muß. Solche vor allem, von denen er weiß, daß sie lesen können – die selten sind wie eh und je oder noch seltener geworden. Das adressierte Schreiben – nicht identisch mit dem engagierten Schreiben – mag am ehesten Ambitionen auf Manifeste an die Menschheit verhindern, an den zeitlosen wie gesichtslosen Empfänger jener Unbestimmtheiten, die gerade deshalb so wirkungsvoll werden oder auch nur erscheinen können, weil jeder sich auf sie berufen kann, da an keinen dabei gedacht gewesen war. Am anderen Ende der Skala: die geheime Sehnsucht des Schreibers, es wie in jenem Zeitalter der großen Briefe zu halten, die an einen gerichtet, von vielen abgeschrieben wurden und sich auf diese Weise ihre Empfänger suchen konnten. Das Wichtigste von Leibniz etwa hätten wir nicht ohne dieses Verfahren.

Im alten Selberschreiben lag eine eigentümliche Verschwiegenheit, die Möglichkeit des rechtzeitigen Widerrufs, der ungebrochene Vorbehalt. Zwischen dem Schreiber und seinem Papier vollzog sich eine intime Zirkulation, ein solipsistischer Prozeß, in dem alles schließlich ungeschehen gemacht werden konnte. Die Epoche des Diktats verwandelt schon den ersten Entwurf, den flüchtigsten Versuch, in eine Vorstufe der Endgültigkeit. Der Schreiber selbst hat gehört und mußte hören, was er schreiben ließ. Er hat sich selbst zum ersten Stück seiner Öffentlichkeit gemacht, das in der Umsetzung des Diktats nur wiederholt werden kann. Kierkegaard wollte die Besonderheit seiner Rhetorik in der Anwendung des biblischen Wortes über Johannes den Täufer auf sich selbst finden: *Ich bin eine Stimme*. Die Anwendung ist das reflexive Moment daran, eine Stimme zu sein: Er habe, so notiert Kierkegaard 1849 im Tagebuch, *beständig einen Zuhörer mehr als die Redner im allgemeinen haben: mich selbst*. Weit unterhalb der Höhenlage dieser Notiz hat das ›Gestell‹ aus der Feder eine Stimme gemacht.

Als Goethe aufhörte, selber zu schreiben, verlor sich seine

Unkenntnis von Orthographie und Interpunktion ebenso wie die Färbung seines Idioms aus den Manuskripten. Die Setzer haben seit langem die letzte Stufe der Belehrung über das, was richtig ist, übernommen, und gegen sie ist nur mit Begründung am Rand der Fahne eine Abweichung durchzusetzen – das Falsche, manchmal nur als Wecksignal an den Leser beabsichtigt. Der Schreiber weiß zu wenig von ihm; er hat sich sein Bild an der falschesten Quelle geholt, die es dafür geben könnte: an der des Narziß. Er denkt sich seinen Leser, wie er selbst liest. Da gibt es beim Schreibenlassen wenigstens eine kleine Hilfe, die Verzögerung der Wiederkehr des Eingesprochenen als des Geschriebenen – eine kleine Chance des Sehens mit anderen Augen, der Objektivierung des Subjektiven. Das Leben des Autors mit seinem Text ist dadurch schwieriger geworden; er muß ihn immer wieder zu sich heranholen. Das Verhältnis zu seinem Leser mag sich erleichtert haben im Maße, wie er ihm ähnlicher geworden ist: verwundert über das, was er zum ersten Mal vor Augen hat. Er antizipiert etwas von dem, was sein Leser, sofern er diesen jemals finden sollte, zu leisten haben wird. Schreibenlassen erzwingt Autohermeneutik. Das Wort ist häßlich und auch nicht unentbehrlich; man möge es gleich wieder vergessen, wenn es seinen episodischen Dienst getan hat.

Schnitzlers Philosoph
Fallstudie zu einem intellektuellen Risiko

Schriftsteller aller Gattungen, vom Lyriker bis zum Dramatiker, philosophieren nicht ungern nebenher und von da her in ihr Werk hinein. Gelegentlich mag die Vermutung berechtigt sein, der philosophische Nebensinn oder Hintergrund habe zu ersetzen, was an bildnerischer Kraft mangelt. Es ist nicht durchaus verfehlt, sich auf die Suche nach Autoren zu machen, die weit jenseits jedes Verdachtes stehen, eine oder gar ihre Philosophie zu haben und über Druck wie Bühne ans Publikum bringen zu wollen.

Unter den Vorschlägen, die man da gemacht bekommt, findet sich fast mühelos der Name Arthur Schnitzler. Selbst die oft behauptete Nähe zu Freud hat nur ein wenig mit der Lust an Traumdeutungen, kaum aber mit dem Repertoire der Analyse als einem Zugang zum Unbewußten zu tun. Schnitzler ist seinen Stoffen wie Wirkungsmitteln nach, aber auch als intellektueller Typus, eine ganz unphilosophische Figur.

Vielleicht gerade weil er dies war, hatte er so etwas wie einen Bedarf nach einem Philosophen näherer Zugänglichkeit, Befragbarkeit, wenn nicht sogar Verfügbarkeit. Sollte das zu weit gegangen sein, wollte er doch wenigstens dabeigewesen sein und beobachtet haben, wie etwas Großes der ihm so fremden Denkart entstand, sich zu Wort, Papier und Wirkung bringen würde. Es lag auch ganz nahe: In diesem Wien der ersten drei Jahrzehnte dieses Jahrhunderts produzierte sich so viel des Bedeutenden oder der Bedeutung Verdächtigen, daß es unwahrscheinlich gewesen wäre, dies alles sollte ohne ein philosophisches Ingredienz geblieben sein. Der Name Wittgenstein taucht im Briefwechsel nicht auf – der war ohnehin fast verschollen und mit dem »Tractatus«

wohl nicht das, was Schnitzler affiziert hätte. Aber auch von Moritz Schlick, der immerhin im letzten Lebensjahrzehnt Schnitzlers in Wien wirkte, findet sich keine Spur. Als etwas passierte, was Schnitzlers Aufmerksamkeit nicht entgangen wäre – der Mord an diesem Philosophen –, war der Erfinder mancher Tragödien des Eros nicht mehr am Leben.

Schnitzler lernt seinen Philosophen – fast möchte man sagen: wie könnte es anders und wo sonst könnte es gewesen sein? – beim Tennisspiel kennen. Es dauert Jahre, bis er eine gedruckte Seite von ihm zu Gesicht bekommt – es wird überhaupt niemals mehr als acht solcher Druckseiten geben: den Kurzaufsatz Arthur Kaufmanns »Zur Relativitätstheorie. Erkenntnistheoretische Erörterungen« im »Neuen Merkur« 1919/20. Schnitzler empfiehlt ihn, von seiner Philosophie schweigend, als *einen der ausgezeichnetsten Menschen, denen ich je begegnet bin.*[28] Und dieser menschliche Eindruck muß sich in die ›Evidenz‹ seiner Philosophie – besser wohl: der von ihm zu erwartenden Philosophie – umgesetzt haben.

Schnitzler schwankt zwischen der Wahrnehmung einer ihm fremden Sonderbarkeit und der Bewunderung für eine besessene Disziplin. Daß sich deswegen einer mit der Wirklichkeit nicht verträgt, fasziniert ihn: *Er ist auf ›Gerechtigkeit gestellt‹*, schreibt er am 3. Februar 1917 ins Tagebuch, – *und ward so gewissermaßen irre an der Welt. Sonderbar, die philosophischen Geister. Eine vorgefaßte Meinung, sagen wir System, Weltanschauung, ist stärker in ihnen als persönliche und geschichtliche Erfahrung – selbst bei einem Menschen höchsten Ranges, wie Kfm. es ist.*

Der Philosoph hat es leichter mit dem Dichter. Frühlingsspaziergang, es ist Mai, man sitzt schon am Wegrand. Man kommt auf Kant. Ob er ihn nicht doch einmal lesen sollte,

28 Arthur Schnitzler, Briefe, Band II. Frankfurt 1984, 200.

fragt Schnitzler. Die Antwort ist großzügiger Dispens: *Nein, er würde Sie ungeduldig machen; – das meiste haben Sie doch schon anticipirt.* (10. Mai 1917) Solche Überschätzung weckt Verdacht, mag sie den Entlasteten noch so erfreuen – sollte dieser Philosoph sich selbst einen ähnlich begründeten Dispens verschafft haben? Die Formel liegt allzu parat. Ist es nicht schon verdächtig, wenn ein Philosoph bei einem Dichter so viel Interesse findet, von dem man sagen möchte und müßte, er werde gelesen und im Theater angeschaut, weil man sich mit ihm vom Philosophischen so weit entfernen kann? Schnitzler notiert nach einem nochmaligen Maienspaziergang, auf dem man über Moral und Wahrscheinlichkeitsrechnung sowie über Kritik der Werte im allgemeinen geredet hatte: *Es war ganz schön; aber man könnte sich innerhalb der gleichen Decoration Frühling, Waldesgrün – noch Schöneres denken als das tiefsinnigste Gespräch.* (24. Mai 1917)

Am meisten erstaunt, wie ernst Schnitzler die wiederholten Mitteilungen Kaufmanns nimmt, er sei dem Ziel seines Nachdenkens, der Lösung des Problems nahe. Daß da etwas Wahnhaftes im Spiel sein könnte, wird eher als allgemeine Weisheit über Philosophen ausgesprochen: *Jeder Philosoph müßte in Erkenntnis der Antinomien wahnsinnig werden.* (2. Juni 1917) Schnitzler hätte das gewiß nicht gesagt, wenn er seinen Philosophen als besonders und konkret gefährdet erkannt hätte. Der Seelenkundige merkt da nichts.

Drei Wochen später ist sein Besuch im Sanatorium fällig. *Zwanghaftes Weiterdenken seines Systems* ist die Diagnose, die der Philosoph sich selbst stellt. Aber es ist das Positive, die Nähe zur Lösung des Welträtsels, das mit ihm durchgegangen ist, seinen Erregungszustand angetrieben hat. Angst auch vor dem Tod als Verhinderung an der Vollendung eines so weit gereiften Werks von schlichtweg fünf Bänden, etwas ›Ungeheurem‹.

Zweifelt der Dichter jetzt, im Park eines Sanatoriums, bei Verheißung einer vielbändigen Ungeheuerlichkeit, von der noch nicht eine Zeile steht? *Wer weiß – ob er nicht recht hat? Was bei einem Schuster Größenideen wären – braucht es bei einem Denker vom Rang Kfm.s eben nicht zu sein!* (24. Juni 1917) Und wie es nun mit Kant sei, fragt Schnitzler. *Er: »Erledigt; – freilich ist meine ganze Philosophie ohne ihn undenkbar. – Das Wesen meiner Philosophie gewissermaßen, daß die Philosophie überflüssig gemacht wird – und der tiefere Sinn meiner Erkrankung – daß ich genötigt war, meine Geliebte (die Philosophie) selbst umzubringen.«* Immer noch kein Zusammenzucken des Autors, den Freud als seinesgleichen akzeptiert hatte? Auf der Rückfahrt vom Besuch im Sanatorium sitzt im selben Coupé der Direktor der Anstalt und kaiserliche Rat Stein, Schnitzler stellt sich vor und bekommt frank und frei die Diagnose ›Paranoia‹ geliefert. Immerhin, man ist unter Kollegen.
Schnitzler ist es unerträglich, daß dieser *herrliche Geist* zur Zerstörung verurteilt sein sollte. Er hält sich an die Alternative von Genie und Wahnsinn: ... *vielleicht läßt sich noch immer hoffen – daß es sich um Genialität handelt, und der Wahnsinn nur als Beigabe betrachtet werden muß.* Diese Hoffnung ist gewiß sympathisch, wäre nicht die Ernsthaftigkeit für die Genialität: dieses Bauen auf ein Nichts von eingelösten Versprechungen, ein Symptom der glatten Urteilsunfähigkeit bei dem großen Dramatiker.
Mußte nicht die Art, wie über Kant gesprochen worden war, mehr als Mißtrauen erweckt haben? Oder ist auch dies noch ein Nachhall des Königgrätzeffekts, der die geistige Welt des Habsburgerreichs abtrennte vom ›preußischen‹ Gang der Philosophie, einen Wiener »Neukantianismus« unmöglich machte, dafür Positivismus und Phänomenologie als Philosopheme ›auf der grünen Wiese‹, mit Stolz auf Kant-Unkenntnis, etablierte? Vielleicht ist es mit dem Begriff des

intellektuellen Geschmacks nicht getan, wenn man einen Arthur Schnitzler der Megalomanie so ausgeliefert sieht, daß er am Kriterium, wie einer es mit Kant hält, nichts Auffälliges, nichts Anstößiges ermitteln kann.

Einen Monat später hat man im Sanatorium die ›bösen Diagnosen‹ wieder fallenlassen. Schnitzler ist entzückt von der Philosophie Kaufmanns, vom »Mythos von Raum und Zeit«, obwohl er vermutet, *daß es die Fachleute gegen sich haben wird, anfangs.* Aber der euphorische Philosoph ist damit ganz einverstanden, *daß es die Dichter zuerst verstehen.* Es ist denn auch eine Formel des ästhetischen Wohlgefallens, in die Schnitzler zusammenfaßt, was ihm an diesem 21. Juli geboten wurde: *Ein hohes Gedankenspiel, das ich sehr schön fand ...* Der Fortgang dieser Beziehung ist ihre Ästhetisierung. Es kommt auf die am Anfang gesuchte Qualität nicht mehr an.

Wieder einen Monat später erscheint der Philosoph frisch und tatkräftig; an die Stelle des Fünfbändigen ist die Befassung mit noch Höherem als dem Systematischen getreten: *Arthur Kaufmann möchte sich als Weltrichter etabliren und einige hunderttausend hinrichten lassen.* (29. August 1917) Ein grausamer Scherz? Nichts spricht dafür, daß in diesen Gesprächen je gescherzt worden wäre. Wir erfahren auch nicht, ob man den Weltrichter richten lassen wollte. Zwischen Philosophie und Weltgericht hat es immer eine Intimität gegeben. Aber wußte Schnitzler davon?

Wie soll man dieses Verhältnis beschreiben? Weisheit und Klugheit? Reine und unreine Rationalität? Oder etwa: die Verführbarkeit der Einbildungskraft durch die Vernunft? Am Heiligen Abend dieses vorletzten Kriegsjahres ist der Philosoph, der unbehauste, Gast beim Dichter, man bescherte im Rahmen des Möglichen und des Nötigen: *Die Herren bekamen – Brode von uns,* notiert Schnitzler ins Tagebuch. Der Philosoph bescherte mit Philosophie: *Immer deutlicher spricht sich aus, daß jener Anfall im Sommer die Geburtswehen seines neuen Gedankens bedeutet – was ich schon damals ahnte.* Wenn das so war, sollte nun auch die Vernunft Verstand annehmen und sich aller Welt zu erkennen geben: *Ich rathe ihm zu einer ›Vorläufigen Mitteilung‹; er will aber – und währte es auch Jahre, gleich das ganze geben.*

Schnitzler kennt die Institution »Vorläufige Mitteilungen« aus den Fachorganen der Medizin, der Naturwissenschaft; er ist ahnungslos, daß man derartiges in der Philosophie kaum machen kann noch ernst nehmen würde. Aber er hat den wunden Punkt berührt. Auch hier ahnungslos, daß das nicht nur die kleine Schwäche, der zögernde Zeitumgang, die unpraktische Verfahrensweise, sondern schlichtweg Verkennung des Unvorhandenen ist. Gleich das Ganze – das würde heißen: niemals etwas.

Genießt Schnitzler bereits ›seinen‹ Philosophen als Figur seiner privaten Bühne mehr als das, was an ›Philosophie‹ auf ihn zukommt und wofür er so wenig Sinn hat? Und welchen Druck übt der Rezipient – um es in der Sprache einer schon nicht mehr modernsten Ästhetik zu sagen – auf den Produzenten aus, seine Rolle zu spielen: Genuß statt Einsicht zu spenden? Im folgenden März teilt Kaufmann mit, er werde über den Sommer nach Mariazell gehen. Notiz von Schnitzler vom 22. März 1918: *Hoffentlich werden die Menschen später einmal mit Recht nach Mariazell wallfahrten, sag ich halb im Ernst.* Da verflüchtigt sich etwas. Verträgt es der Systembesessene?

Als der Philosoph sich Ende April tatsächlich nach Mariazell zurückzieht und sich zu verabschieden kommt, wird der Ernstschwund noch empfindbarer: *»Den Tod hab' ich aus der Welt geschafft«, sagt er scherzend. – »Mit dem Grab wird's Ihnen nicht so leicht gelingen«, erwidre ich.* (26. April 1918) Kann es Zufall sein, daß der Anspruch des Philosophen sich an gerade die Grenze herangemacht hat – und sei es nur im Scherz –, der kein Denken nahekommt? Der Dramatiker hat eine gute Pointe, auf die unübergehbare Realität zu verweisen: das Monument des Todes.

Dann ist Kaufmann für fast ein Vierteljahr verschollen, auf einer Rußlandreise mit der Schwester zu seinem Bruder. Ob Nachprüfung von Heilserwartungen im Spiel war, läßt sich nicht sagen. Nur ist die Szene für den sonst kühl distanzierten Schnitzler ungewöhnlich, als Kaufmann zurückkommt: *Ich war so glücklich, daß ich ihn umarmte.* (21. August 1919) Von dem, was Kaufmann aus Kiew erzählt, hält Schnitzler etwas fest, was viele Gespräche dieser Zeit beunruhigt: *... die schwerste Enttäuschung war für ihn – daß die Juden so grausam sein konnten. Es waren und sind auch dort beinah lauter Judenbuben, um zwanzig herum, die ›regieren‹.* Es ist dies, im gesamten Duktus der vielen Gespräche mit Kaufmann, die Schnitzler notiert, wie ein scharfer Hauch von Realität. Was wird das ›Unphilosophische‹ im ›System‹ anrichten?

Da taucht in Schnitzlers Tagebuch am 12. Oktober 1919 ein Stichwort auf, das im Verhältnis zur Ankündigung des ›Systems‹ etwas Unerwartetes einschießen läßt: *Arthur Kfm. erzählt mir ganz erfüllt von seinem Märchen, das den Extract seiner Philosophie enthalten wird.* Sollte das der Doppelerfolg der Freundschaft zum Dichter gewesen sein: einerseits die befolgte Mahnung zur »Vorläufigen Mitteilung«, anderseits das Nachgeben der Produktion unter dem Druck der Rezeption, etwas schlechtweg Schönes zu machen?

Nun besetzt das ›Märchen‹ den Platz des ›Systems‹ – nimmt aber auch dessen verzweiflungsvolle Eigenschaft an, Zeit zu fressen, ins Unendliche anzuschwellen, alle Anwartschaft auf Vorläufigkeit einzubüßen. Schon am 18. Oktober beginnen Schnitzlers Bedenken drastischer zu werden als beim

System – bei dem er einfach die Position desjenigen hatte, der nicht mitreden konnte und seine Erwartungen hochputschen ließ: *Arthur Kaufmann; erzählt mir von seinem Märchen, – tiefsinnig, geniales – und doch beginn ich zu fürchten, daß er ins grenzenlose irrt.* – Schon am 26. kommen ›neue Einfälle‹ zum philosophischen Märchen. Zwei Wochen später kann der Philosoph bereits etwas aus dem Märchen ›lesen‹; zum erstenmal, wie es scheint, gibt es ein Stück beschriebenes Papier: ... *tiefsinnig eigenartig und doch irgendwie bedenklich – hart an der Grenze, – niemals die Grenze überschreitend.* (8. November 1919) Anschließend geht man spazieren – über die ›Grenze‹ erfährt man nichts. Ist die zum Wahn gemeint? Man sieht, wieviel schwerer es der Philosoph mit dem Dichter hat, seit er auf dessen Dominium übergewechselt, zum Ästhetischen konvertiert ist. Nun wirkt alles nackter, anfechtbarer, ausgesetzter.

Und wieder aus dem ›Märchen‹ am 17. November: *Köstliche Klarheit und doch ›verstiegen‹; – aber wohl nur für die, die nicht so hoch hinauf können.* – Immer ruft sich Schnitzler von der Unmittelbarkeit des Eindrucks zurück zu seinen unbestimmten Erwartungen; denn zweifellos zieht er sich selbst hinein in die Zurückgebliebenheit derer, die ›nicht so hoch hinauf können‹. Ein Trost an sich selbst, keinen Grund zuzulassen, der das aufgekommene Mißtrauen in den Freund bestärken, das Vertrauen korrumpieren könnte. Am 22. wieder Lesung aus dem ›Märchen‹, und diesmal der zweideutige, vom ›System‹ her schon bekannte Zusatz, er scheine davon *wie besessen.* Obwohl *in der Anlage* weiterhin *tiefsinnig genial,* ist doch jetzt die Feststellung unvermeidlich geworden, daß dieses Gebilde *in Einzelheiten sich ins absurde, zum mindesten schriftstellerisch absurde verliert (was er selbst fühlt).*

Es ist inzwischen nur noch das ›Märchen‹, als hätte es mit der Philosophie nichts mehr zu tun. Entsprechend vereinfacht sich das Urteil. Neues aus dem Märchen am 5. Dezember: nichts als *vorzüglich*. Am 17. kommt Kaufmann, sich Lektüre zu holen, er ist *mit seinem ›Märchen‹ irgendwo stecken geblieben.* Und man spricht – sollte man es nicht schon lange erwartet haben? – *Über Goethes Märchen*, liest dazu in Graefs »Goethe über seine Werke« nach – zur Warnung vor Vergeblichkeit?

Diese Therapie scheint anzuschlagen. Das ›Märchen‹ ist wie vergessen, als Kaufmann am 28. zum Tee kommt. Er ist ganz im Bann seines einzigen ›Werks‹, des Aufsatzes über Einsteins Relativitätstheorie. Es gebe keine unlösbaren Fragen, nur falsch gestellte. Das wird von Schnitzler nicht akzeptiert, doch komme es am Ende nur auf einen Wortstreit hinaus. Dazu Kaufmann: *Hier eben liegt der Hund begraben.* Schnitzlers Replik, wie auf der Bühne seiner Stücke: *Ist nicht am Ende die ganze Philosophie solch ein Hundefriedhof?* Das also durfte jetzt gesagt werden. Welches Indiz für Ernüchterung.

Am Silvesterabend geht es bei Schnitzlers zwischen Oberfläche und Tiefe hin und her, wie jedesmal. Kaufmann ist ganz erfüllt von neuen Ideen zu oder nach Einstein – über Messung der Zeit –, aber trotz der Aktualität oder Scheindringlichkeit der Sache ist man nicht ringsum bereit, ihm zuzuhören. Die Jahresbilanz des Hausherrn ist dennoch positiv: *Klarheit und Persönlichkeit; – auch seine eigentümliche Besessenheit (in schönstem Sinne) zwingend wie je.* Ohne seine Philosophie – zu deren Gunsten Schnitzler einen einzigen Brief an eine Zeitungsredaktion schreibt – hat der ›Philosoph‹ die harte Probe dieses Jahres bestanden. Aber: auch der ›Dichter‹?

Schnitzlers Vertrauen zu Kaufmann wird ein letztes Mal daran faßbar werden, daß er ihn zum Berater seines Sohnes Heinrich bei der Verwaltung des literarischen Nachlasses testamentarisch einsetzt. Kaufmann stirbt im Juli 1938 in

Wien auf nie ganz geklärte Weise. Aber da er zehn Tage vor dem Todestag seinen letzten Willen aufsetzt und seiner Vermieterin einen Betrag für die Kosten seiner Beerdigung übergibt, hat der Befund der Totenbeschau: *Herztod infolge Arteriosklerose* nicht die Glaubwürdigkeit der Selbstmordvermutung. Über dem Todestag stand die Drohung der neuen Herren in Österreich, den Jahrestag des Putschversuchs am 25. Juli 1934 als ›Tag der Volkserhebung‹ zu begehen. Für den Philosophen Schnitzlers ein Grund, sich nicht mehr erheben zu wollen.

Dennoch: wir wissen dies so wenig, wie wir etwas von ›System‹ und ›Märchen‹ wissen.

Freud-Facetten

Ein Glas Wasser

Der Landwehrarzt Dr. Sigmund Freud muß seine Übung bei der Festung Olmütz machen und schreibt dem Freund Breuer 1886, in Olmütz gebe es auch etwas Erträgliches: das großstädtische Café mit Eis. Nur leide die Bedienung unter dem Einfluß des Militärs. Wenn die Generale, bunt geputzt wie Papageien, ins Café kommen, werden sie von der Bedienung so ausschließlich beachtet, daß für die anderen nichts bleibt. Einmal ist der Herr Landwehrarzt am Ende seiner Fassung. Er packt einen der Kellner und schreit ihn an: »Sie, ich kann auch noch einmal General werden, bringen Sie mir daher ein Glas Wasser.« Das habe gewirkt.

Wenn der große Briefschreiber diese Szene schildert, genießt man nicht nur (was man dürfte). Wer Freuds Geschichte kennt, will um keinen Preis Psychologie treiben (es ist immer schäbig, das am Meister zu tun). Aber wie der Dreißigjährige, vom Ruhm noch weit Entfernte, da im Dunstkreis der Generalität agiert, wäre nicht denkbar ohne die weit zurückliegende, niemals verwundene Geschichte des Vaters, die in der »Traumdeutung« stehen wird: Der war im mährischen Freiberg am Sabbat feiertäglich bekleidet auf der Straße gegangen und von einem Daherkommenden, der ihm die neue Pelzmütze mutwillig vom Kopf schlug, in den Kot gezwungen worden. »Jud, herunter vom Trottoir!« hatte der ihn angefahren. »Und was hast du getan?« will das Kind wissen, dem der Vater dies erzählt, um es wissen zu lassen, daß die Zeiten auch für seinesgleichen besser geworden seien.

Hatte der Sohn es nicht glauben wollen? Fast sieht es aus, als hätte er die Probe darauf gemacht: Ein Glas Wasser, in Olmütz. Und fast sieht es aus, als hätte er sein Leben lang, immer wieder, darauf die Proben erzwungen.

In der »Gartenlaube«

Am 9. Februar 1898 berichtet Freud dem Berliner Freund Wilhelm Fließ, er habe den *Gartenlaubenartikel* zu Ende gebracht: *Er ist ziemlich frech und wesentlich dazu bestimmt, ein Ärgernis zu geben, was ihm auch gelingen wird.* Er fügt die Apostrophe auf den ängstlichen Freund der Hysterie-Studien hinzu: *Breuer wird sagen, ich hätte mir sehr geschadet.* Noch fehlt jeder Gedanke daran, daß der zu erwartende ›Widerstand‹ das sicherste Kriterium für die Wahrheit der vorgetragenen Sexualtheorie sei. Schon am 23. Februar legt Freud einem weiteren Brief an Fließ den *Gartenlaubenartikel* bei, *über den Du gefälligst mir nichts schreiben wirst.*

Es gibt Konfigurationen, die keiner sich ausdenken könnte. Noch 1886 hatte die Marlitt ihren letzten Roman für die »Gartenlaube« geschrieben, nachdem ihr die allerhöchste Erlaubnis zuteil geworden war, eines ihrer Werke dem Kaiser zu widmen. Peter de Mendelssohn, der über diese Daten in seiner Verlagsgeschichte von S. Fischer berichtet, fügt maliziös hinzu: ... *und Anmaßung und Seichtheit reichten einander auf der Vordertreppe der deutschen Literatur die Hand.* Das ist 1970 geschrieben, und da hätte der Präsident der Deutschen Akademie für Sprache und Dichtung schon etwas Rücksicht auf die Germanistik mit ihrer Lieblingsthematik »Trivialliteratur« nehmen können.

Wiederentdeckter ›Liebestrank‹

Als Theorie ist die Psychoanalyse ein Provisorium. Und das nicht wie jeder hypothetische Aussagenkomplex in der Geltung auf Abruf durch Versagen der Bewährung. Eher wie die Philosophie des Descartes mit der Zulassung einer provisorischen Moral bis zur Erreichung der *morale définitive* und der galenischen Heilkunst bis zu der auf vollendeter Naturerkenntnis begründeten medizinischen *Lebensverlängerung* – die eine wie die andere Endgültigkeit zureichend für das menschliche Glück. In welchem Endzweck sich das Mittel dazu, die Philosophie, selbst überflüssig machen würde. Die *finale* Überflüssigkeit ist es aber, was sie vorerst *notwendig* werden läßt. So philosophieren wir, wenn's zu sagen erlaubt ist, *bis auf weiteres*.
Und nicht anders fungiert die Psychoanalyse eben unter diesem Titel: Im Erreichen des Ideals der ›Analyse‹ – repräsentiert durch das, was die Chemie kann und wie sie es kann – würde sich der Anteil an Unbestimmtheit im Namen der ›Psyche‹ durch Auflösung *überflüssig* machen. Der von seinem Lehrer Ernst von Brücke in den Chemismus organischer Funktionen eingeweihte Physiologe hat die Anstößigkeit der ›schönsten‹ Befunde des Nervenarztes nie verwunden, daß die *Hysterie* als Anomalie ohne organisches Korrelat definiert werden mußte.
Nach dem Wissenschaftsideal des Physiologen konnte eine Theorie, die sich *darauf* einließ, nur ein Surrogat sein. Dessen interimistische Geltung durfte allerdings nicht durch Zugeständnisse aufs Spiel gesetzt werden, solange der ideale Standard unerreichbar erschien. Schließlich lebten die, die zu leiden hatten, nur endliche Zeit. In den Dingen, die den Menschen betreffen, kann man nicht beliebig warten und warten lassen; darf aber auch nicht an dem Ideal die Einsichten und Mittel relativieren, die erreichbar sind. Diese Rück-

sicht hat Freud zur Spärlichkeit seiner Hindeutungen auf den Endstatus bestimmt: *Das Lehrgebäude der Psychoanalyse, das wir geschaffen haben, ist in Wirklichkeit ein Überbau, der irgendeinmal auf sein organisches Fundament aufgesetzt werden soll.* So mitten im Ersten Weltkrieg in den »Vorlesungen zur Einführung in die Psychoanalyse«.

Eine Schar von Adepten, deren jeder ein virtueller ›Vatermörder‹ war, ließ sich auf Vorläufigkeit nicht bescheiden. Erst im »Abriß der Psychoanalyse«, dessen Zweite Fassung Freud schon – oder: gerade noch – in London 1938 unternahm, gibt er das niemals Preisgegebene preis: das Psychische. Es sei, was immer es sein möge, *unbewußt wahrscheinlich von ähnlicher Art wie alle anderen Vorgänge in der Natur, von denen wir Kenntnis gewonnen haben.* Daß Neurosen das Erscheinungsbild bestimmter Toxikosen haben können, war schon im ersten Jahrzehnt der neuen Heilslehre ebenso bekannt wie die Wirkung endogen produzierter Stoffe; die Analogie lag mehr als nahe, aus der Entdeckung der Sexualaffinität der Neurosen auf Störungen eines noch unerschlossenen ›Sexualstoffwechsels‹ zu schließen. Nur nützte die Faszination einer solchen Analogie wenig.

Wenn die Diagnose ›Analyse‹ nur im metaphorischen Sinn – als Verfahren also nur ›provisorisch‹ – sein kann, bleibt auch die Therapie, als eine der ›Annahme‹ des Patienten angebotene ›Lösung‹ seines Problems, zumindest darin ›provisorisch‹, daß es kein anderes Mittel als Rhetorik zur Erzielung jenes Aktes der ›Annahme‹ gibt. Da hat auch Freud an die ›Macht der Wahrheit‹ geglaubt, wie es sich für eine nichtsophistische Theorie der Rhetorik gehört. Denn Freud war sich im klaren, was eine Therapie im strengen Sinne sein würde: Sie machte *uns etwa auf chemischem Wege möglich, in dies Getriebe einzugreifen, die Quantität der jeweils vorhandenen Libido zu erhöhen oder herabzusetzen oder den einen Trieb auf Kosten eines anderen zu verstärken ...* Daß man damit *eine im eigentlichen Sinne kausale Therapie* zur Hand und solides Handwerkszeug hätte, verrät schon die schöne Metapher, der Mechanismus der aufeinander abzustimmenden Triebe sei ein ›Getriebe‹. Dann bliebe immer noch die von Freud gefundene Prozedur als *unentbehrliche Vorarbeit der Rekognoszierung* für den Eingriff, da man an die Wurzeln der Phänomene nicht herankomme, *aber doch weit genug weg von den Symptomen* einwirken könne. Es wird mit einem Als-ob gearbeitet, wie wenn man *die besonderen chemischen Stoffe durch besondere psychische Kräfte substituieren* könne. Für die Veranschaulichung des ›Getriebes‹ fällt hier das Stichwort der Behelfsmäßigkeit, solange der ›psychische Apparat‹ *vorläufig nichts mit der Anatomie zu tun* habe.

Aufschlußreich ist, daß Freud von dem immerhin seit 1906 geläufig gewordenen Namen »Hormone« erst 1932 aufs beiläufigste in der »Neuen Folge der Vorlesungen zur Einführung in die Psychoanalyse« Notiz nimmt: *Sie wissen, was das ist*. Um so interessanter, wenn im engsten Kreis der künftigen Apostaten, Diadochen und Statthalter der Mittwoch-Gesellschaft bei der Diskussion einer Abhandlung des schon in Berlin residierenden Klassikers der Analyse, Karl Abraham, über die Beziehungen zwischen Sexualität und Alkoholismus der utopische Chemismus der Theorie von Freud zugestanden wird. Abraham hatte die enthemmende Wirkung von Alkoholgenuß mit dem Hinweis auf die Schullinie gebracht, daß er Verdrängung und Sublimierung rückgängig mache. Was ihm wichtiger war, hatte er schon den *ältesten Mythen* abgelesen und auf die Formel gebracht: *Der Mann identifiziert den Alkohol mit seiner Zeugungskraft*.

Daß dem Alkoholiker sein Genußgift zu einem *Surrogat des sexuellen Genusses* werde, integriert der Meister – stets auf seine Priorität in mythologischen Exkursen bedacht – etwas undeutlicher in die *toxische Auffassung des Sexuallebens*.

Und da gibt es zum Vorläufigen das noch Vorläufigere, daß dies schon längst *das Volksbewußtsein* entdeckt habe. Der Protokollführer dieses 4. November 1908, Otto Rank, wird kaum gewagt haben, an dem Schlußspruch des Schulhauptes etwas nachzudichten: *Wir setzen einfach den ›Liebestrank‹ der Sage in Wissenschaft um.*
Und dieses Verfahren, von der Volksweisheit zur Schulwahrheit zu gelangen, bekommt noch den Segen einer der fruchtbarsten Lizenzen für die auf neue Quellen begierigen Teilnehmer jenes engsten Kreises: *So große Dinge darf man eben nur wiederentdecken.* Nicht die neue, die alte Wahrheit ist die geheime Sehnsucht der Neuerer. Sie enthält zugleich das utopische Moment der Vorläufigkeit: Zwar hat man den ›Liebestrank‹ in Wissenschaft ›umgesetzt‹, aber doch noch nicht dessen Rezeptur ›analytisch‹ im strikten Verstande gefunden, um demnächst ›synthetisch‹ der mythischen Metapher ihren *letzten* Sinn zurückzugewinnen.

Testfall eines Chemikers

Nach dem ›Anschluß‹ wurde in Freuds Verlag ein Kommissar eingesetzt. Da andere die Geschäfte mit den ›jüdischen Schweinereien‹ abwickelten, langweilte sich der Mann und begann, Freuds Werke zu lesen. Was dabei auch immer in ihm vorgegangen sein mag – von ›Bekehrungen‹ hört man nicht mehr gern –, er wurde zum Beschützer dessen, was noch zu schützen war. Sogar als er die Belege für Freuds Guthaben im Ausland fand, gab er die ›Devisenquelle‹ nicht preis.
Man weiß, wie sich die Schergen gegenüber dem Greis benahmen. Als Tochter Anna Zeugin einer solchen Szene geworden war, entschuldigte sich der Zwangsverwalter des Verlags bei ihr: »Was kann man da schon erwarten? Diese Preußen wissen nicht, wer Freud ist.«

Ein letztes Echo von Königgrätz? Oder aber: Herr Sauerwald war promovierter Chemiker.

Traumgefälligkeiten

Das Ende der Prüderie des viktorianischen Jahrhunderts sollen Sigmund Freud und Arthur Schnitzler, beide ohne den Hintergrund Wiens nicht denkbar, an der Gemeinsamkeit des einen aller Probleme markiert haben.
Auf ironische Weise illustriert diese Zweisamkeit ein Tagebucheintrag Schnitzlers vom 23. März 1912. Am Abend hatte er sich mit Frau Olga über seine frühen Novellen unterhalten; man hatte sich gemeinsam gewundert über die dargestellte Intensität seelischer Erlebnisse, über den Blick für die unerotischen Beziehungen. Seltsame Koinzidenz, daß am selben Tag der Freud-Schüler Hanns Sachs den Abdruck einer Veröffentlichung über Traumanalysen schickt. Das erinnert Schnitzler über mehr als ein Jahrzehnt hinweg an die Lektüre der »Traumdeutung«. Damals habe er auffallend viel und lebhaft geträumt; sogar davon, wie er seine Träume deutete. Diese Iterationen wiesen die Träume als sekundäre Produkte der Freud-Lektüre aus.
Am Tage nach dieser Notiz muß Schnitzler aufschreiben: *Wie gesagt so getan: ich träumte gegen Morgen mit ganz besonderer Deutlichkeit* ... Nochmals und mit so großer Verspätung bestätigte sich die Abhängigkeit des eigenen Traumverhaltens von der Beschäftigung mit der Traumanalyse. Es gibt wohl nur von Außenseitern solche Eingeständnisse. In der Praxis ist der Analysand froh, wenn er die manifesten Trauminhalte hat, die zur Ergiebigkeit der Analyse führen können. Als ob die Zensur den Ausgang der latenten Hinterwelt der Wunschgedanken um einiges erweitert hätte. Zu welchem Zweck und mit welcher List? Viel-

leicht um das Ich zu verwirren? Oder um die Analyse in den Griff zu bekommen? Jedenfalls unter dem verstärkten Druck der den Augenblick ihrer Identifizierung ungeduldig erwartenden Wünsche.

Für Schnitzler ist diese Stimmigkeit keine Erfahrung frischer Evidenz mehr. Was vor einem Jahrzehnt aufregend gewesen war, nahm sich angesichts der Schulanstrengung im Separatum des Hanns Sachs schon etwas abgegriffen aus. Diese Distanz tritt drei Wochen später in einem einzigen Satz zutage, mit dem Schnitzler den Eingang der neuen Zeitschrift der Schule Freuds namens »Imago« vermerkt: *Muß alles zur fixen Idee werden; auch der geniale Einfall?*

Allzu gefällig hatte sich damals wie diesmal die eigene ›Seele‹ für die Theorie erwiesen – und die Theorie in den Verdacht gebracht, sie könne der ›Seele‹ auf dem Umweg vermeintlicher Rücksichtslosigkeit allzu gefällig geworden sein.

Unterbehandlung

Als sei es der Preis für den Durchbruch zur Traumdeutung 1895, mußte Freud zwei Jahre später auf die frühsexuelle Erinnerung als Wunscherfüllung verzichten: *Ich glaube an meine Neurotica nicht mehr.* Ins selbe Jahr fiel die andere Enttäuschung: der sich selbst als geheilt entlassende Patient. Über einen solchen Fall schreibt Freud an Freund Wilhelm Fließ, es sei ein Patient mit Zwangsvorstellungen, den er *nur durch sieben Monate behandelt* hatte: *Es soll ihm sehr gutgehen, einer gründlichen Heilung weicht er offenbar mit Hilfe dieser Besserung aus.*

So sieht einer der Sätze aus, von denen man getrost sagen kann, in der Geschichte wären sie erst seit kurzem überhaupt möglich geworden. Es geht dem Patienten sehr gut, aber er benutzt diesen Gewinn nur dazu, sich nach sieben

Monaten der Begierde seines Arztes zu entziehen, es ihm noch besser und womöglich endgültig gutgehen zu lassen.

Vom Typus dieses Freud-Satzes sind die Drohungen von Weltverbesserern, die große Gefahr für die Realisierung einer gerechten und glücklichen Welt sei die Zufriedenheit mit dem faktischen Zustand als einem vorläufigen. Wenn nur die ausweglose Verelendung nach der Theorie den großen Gegenschlag bewirken kann, muß das falsche Behagen am Noch-Erträglichen der Feind reeller Befriedigungen sein. Man setzt ihm zu, indem man ihn diskreditiert als ›spätbürgerliche‹ Unwilligkeit, es aufs Letzte und Ganze ankommen zu lassen, dessen Lockung darin bestehen soll, daß es sich konkret nicht vorhersagen läßt.

Bei Freud ist der Verdacht gar nicht auszuräumen, seine theoretische Neugierde sei das Motiv seiner Unzufriedenheit mit einem Patienten, der seine Geheimnisse noch nicht allesamt preisgegeben hatte, weil es ihm auch so schon sehr gut ging. Nach sieben Monaten Exhaustion! Welcher Kleinmut angesichts der noch möglichen Tiefenerschließungen des Meisters.

Sind die Gesellschaftskritiker, die sich von der starken Negation nur das Bessere versprechen können, ohne von ihm etwas Mitteilbares zu kennen, vielleicht auch nur die neugierigen Beobachter eines Experiments, bei dem auf jeden Fall für sie etwas Verwertbares herauskommen würde, wie immer es ausginge? Damit es aber stattfinden kann, müssen große und unbestimmte Erwartungen innerviert werden. Das Schlimmste ist immer, wenn der Klient wegen zu früher Teilerfolge die Flucht ergreift – um für sich zu retten, was zu retten ist.

Die Besserung ist die Feindin der Heilung.

Rauch und Rührung

Die beiden Besuche, die Thomas Mann im Mai und Juni 1936 bei dem vom Leiden gezeichneten achtzigjährigen Freud machte, waren eher für den Besucher als für den Besuchten charakteristisch: Thomas Mann war auch hier ›Repräsentant‹, wie sonst so oft und so gern, Abgesandter der Welt an den Einsamen, um ihm seinen Ruhm, den Triumph seiner Lehre, seinen Lebenserfolg zu dokumentieren. Am 8. Mai überbrachte er eine von vielen Größen des Zeitalters unterzeichnete Botschaft, nachdem er in Abwesenheit des Greises auf dem Festakt des »Akademischen Vereins für medizinische Psychologie« den Vortrag »Freud und die Zukunft« gehalten hatte. Am 14. Juni kehrte er nochmals nach Wien zurück, um eben diesen Vortrag *privatim, im kleinen Freundeskreis* dem Adressaten zu Gehör zu bringen. Er war sich dessen bewußt, damit die höchste erdenkliche Auszeichnung, das *quo maius cogitari nequit*, zu vollziehen. Niemand hat sich je dafür interessiert, ob und mit welchen Vorbehalten Freud sich verstanden sah. Darauf kam auch wenig an, nachdem fast alle Adepten im Punkt der Getreulichkeit versagt hatten. Wie sollte da der über Kerényis Mythologie eher zum Apostaten C. G. Jung tendierende Autor des »Joseph« sich durch Orthodoxie hervortun können? Eine meiner Glossen zum Vorgang war in Vorlesungen, jener Vortrag des Romanciers hätte chinesisch sein können – er hätte dasselbe bedeutet und bewirkt, was Thomas Mann in einem (unveröffentlichten) Brief an Ida Herz beschrieb: *Er hatte Tränen in den Augen zum Schluß ...*[29]

Nicht ohne Belegnatur für das eben Gesagte ist das Faktum, daß Freud sich revanchierte mit seiner bekannten Napoleon-

29 Hans Bürgin/Hans-Otto Mayer, Thomas Mann. Eine Chronik seines Lebens. Frankfurt 1974, 138.

Spekulation: der Bruder, der nicht Joseph ist, aber es werden will und das mythisch-magische Ritual dazu mit dem Zug nach Ägypten einleitet. Hätte Tochter Anna ein wenig zu früh eingegriffen, besäßen wir den Brief gar nicht, mit dem Freud seine Gegengabe am 29. November 1936 notifizierte; denn erst als der Brief geschrieben war, erinnerte Anna den Vater, daß er dies alles dem Gast schon an jenem Junitag im Sommerhaus nach der Zelebration der Ehrung mitgeteilt hatte. Im Tagebuch hat der unmittelbar vor dem Schluß des dritten Teils der Tetralogie stehende Dichter alles auf die Kurzformel gebracht: *Rührung des Alten und Replik über Napoléon*. Das heißt auch, ganz leise und ohne die Bedeutung der eigenen ›Repräsentanz‹ zu mindern: keine Replik zum Vortrag. Was kam darauf an, da doch dieser nicht der ›Schule‹ zu dienen hatte, nicht einmal den Absolutismus des Meisters gegenüber der ›Schule‹ verewigen konnte?

Die beiden Besuche des Frühjahrs 1936 waren nicht die ersten. Ihnen war einer in der Berggasse 19 am 16. März 1932 vorausgegangen. Für diesen Zeitraum sind die Tagebücher Thomas Manns von dessen eigener Hand vernichtet. Es ist im Hinblick auf das Ritual vier Jahre später ein wenig erhellend, daß dieser erste Besuch anläßlich eines Goethe-Jahr-Vortrags über das Thema »Goethe als Repräsentant« stattfand, den er am 15. März in der Hofburg hielt: Wie selbstverständlich verwendet er dieses Attribut »Repräsentant« trotz des Zusatzes *des bürgerlichen Zeitalters*, als bedürfe es gar keines Wofür und Woher eines Mandats oder überhaupt einer Relation, um so etwas zu sein wie ›Repräsentant‹. Deshalb wird es im Frühjahr 1936 bei der Überbringung des Manifests anderer als ›Botschafter‹ gar nicht bleiben können; er muß ein zweites Mal kommen, nur äußerlich ernötigt durch den Zustand seines Weltgeistmitregenten, um absolut ›Repräsentant‹ zu sein.

Was bei jenem ersten Besuch geschah und gesagt wurde,

wüßten wir nicht ohne das phänomenale Gedächtnis der Paula Fichtl, die nach dem Tod aller Freuds, denen sie so lange treu gedient hatte, doch noch ein wenig aus dem Sperrbezirk der Auchmenschlichkeit geplaudert hat. Ihr Urteil über jeden Besucher hatte dem Alten immer viel bedeutet; sie war dem allzu ins Tiefe blickenden Menschenunkenner die Autorität der ersten Blicke. *Das war ein großer Herr*, lautete ihr Urteil über den hanseatischen Patriziersohn. Nur was sie beim Bedienen und Versorgen zu hören bekam, schien ihr dem Hochplateau der Geister nicht ganz angemessen: *Aber unterhalten haben sich die Herren über die Hund' und ihre Zigarren*. Das war auch gut so, denn das waren die wichtigsten – und schönsten – Gemeinsamkeiten. Paula Fichtl wußte nicht, wobei sie Mittäterin war, wenn sie jeden Morgen für ihren Herrn zwanzig Havannas holen ging. Sie war viel zu spät ins Haus gekommen, um auch nur den Kampf ahnen zu können, den Freud unter dem strikten Verbot seines Berliner Freundes Fließ gegen seine Nikotinsucht geführt und immer nur für Tage gewonnen hatte.

Jener im Briefwechsel fast zur Groteske gespiegelte Kampf hatte sich auf Freuds Herzstörungen bezogen, doch kam der Rückschlag aus dem Kiefer, und es wucherte dort fast ein Jahrzehnt, als Thomas Mann seinen ersten Besuch machte. Wenn man so alt geworden ist, hat man zwar die kleinen Kämpfe verloren, im großen aber nichts mehr zu verlieren. Immerhin nimmt Paula Fichtl an der Konfrontation der beiden ›großen Herren‹ mit unfehlbarer Witterung das eine wahr: *daß der Herr Thomas Mann lange nicht so teure Havannas geraucht hat wie der Herr Professor*.[30] Das war ihre Scheidung der Geister.

Die ›Verbindung‹ zwischen dem ersten und dem letzten Be-

30 Detlef Berthelsen, Alltag bei Familie Freud. Die Erinnerungen der Paula Fichtl. Hamburg 1987, 62.

such Manns bei Freud hat einer unserer jungen schreibenden Zeitgenossen, die längst den Respekt für die Pointe eingetauscht haben, in einem Vortrag hergestellt, den er 1982 bei Verleihung des Förderpreises der »Deutschen Thomas Mann-Gesellschaft« in Lübeck hielt. Uwe Wolff schließt, was er seine ›Etüde‹ nennt, betitelt »Thomas Mann besucht Sigmund Freud«[31], mit dem ihm vom Thomas Mann-Archiv in Zürich verbürgten Zitat aus dem dort sekretierten Brief an Ida Herz vom 9. Juli 1936, den ich nach Bürgin/Mayers »Chronik« von 1965 ([2]1974) schon zitiert habe: *Zum Schluß Tränen in den Augen* – läßt es aber dabei nicht bewenden, sondern fragt mit unabwendbarer Skepsis gegenüber Tränen beinahe maliziös nach deren trivialer Erklärbarkeit: *Oder war es nur der Rauch guter cubanischer Zigarren, der die Augen übermäßig reizte und den Parasympathicus veranlaßte, die Absonderung von Tränenflüssigkeit zu bewirken?* Sicher wird man im Schabau-Saal der Stadtbibliothek zu Lübeck, wo gleichzeitig Joachim Fest den Thomas Mann-Preis der Stadt Lübeck mit der Laudatio Golo Manns erhielt, über die Pointe Wolffs nicht nur gelächelt haben. Die Lübecker gehen mit ihren durch Preisträgerschaften adoptierten Söhnen noch strenger um als mit den natürlichen. Aber jedes Befremden wäre oberflächlich: In Wolffs rhetorischer Schlußfrage ist eine Apostrophe aufs Gemeinsame von Freud und Mann versteckt – auf Freuds letzten Unglauben an die Seele und ihre vielleicht späte, aber doch ganz unbezweifelbare Auflösung in sekretorischen Chemismus *und* auf Thomas Manns nahezu jedes seiner Werke beherrschende Doppeldeutigkeit des Physiologischen und Spirituellen, Pathologischen und Ästhetischen, von *morbidezza* und

31 Uwe Wolff, Thomas Mann besucht Sigmund Freud 14. Juni 1936. In: Hefte der Deutschen Thomas Mann-Gesellschaft Sitz Lübeck, Heft 2 (Oktober 1982), 21-30.

grandezza. Es machte sich eben, wenn des Dämons Gunst ins Spiel kam, gerade zurecht, daß Rauch und Rührung verwechselbar wurden – oder gar, nach William James' unverzeihlicher These, uns die Rührung befällt, wenn die Tränen fließen.

Todesstoß und Todestrieb

Die Kunst der Entschlüsselungen und Enthüllungen beherrschte Freud, weil er ein Meister der Verhüllung war. Es ist trügerisch, das für beliebig umkehrbar zu halten. Ein nicht allzu verführbarer Beobachter muß es auffällig finden, daß Ernst Haeckels »Welträtsel« und Freuds »Traumdeutung« gleichzeitig zur Jahrhundertwende erschienen sind, und zwar mit der entgegengesetzten Tendenz: der eine die Rätsel der Welt schwinden sah, der andere die Unterwelt der Rätsel allererst aufzuschließen meinte. Die Deutungsregeln für diese Traumrätsel sind so gefaßt, daß jener vorgestellte Beobachter zum Verdacht kommen mußte, es könne jedes alles bedeuten und der Deuter folglich jedes Rätsel lösen. Das entsprach der Einheit des energetischen Grundbegriffs der *Libido*, deren Umwege und Wandlungen, Stauungen und Entladungen eine staunenswerte Fülle von Erscheinungen hervorzubringen vermochten. Rätsellösung bestand dann darin, nach ältester Weisheit das Viele auf das Eine zurückzuführen, dem Einen bei seinen Zauberkunststücken scharf auf die Finger zu sehen.

Entgegen allen Meinungen, Freud habe mit diesem Monismus der sexuellen Energie 1920 durch Einführung des »Todestriebs« gebrochen und zugunsten einer Dramatisierung seiner Rollenspiele einen Dualismus von Komposition und Destruktion zugelassen, muß darauf bestanden werden, daß Freud nur den Folgerungen aus dem ersten energetischen

Prinzip, dem der Konstanz, die aus dem zweiten, dem des Verfalls, hinzugefügt hatte. Das Leben organisierte sich, indem es die Bedingungen für seinen Fortbestand konsumierte. Wie der Schlaf sich mit Hilfe des Träumens (nicht seiner Inhalte) gegen das Gewecktwerden wehrte, so hielt sich das organische System durch das Raffinement einer Selbstverteidigung ›am Leben‹, dessen Verbrauch an Energie um so sicherer zum Tod führte, welcher pathologischen Kunstgriffe es sich immer bedienen mochte. Der Tod ist das ›Ideal‹ der Natur wie der Schlaf das der Episode des Organismus.

Nun ist das Erstaunliche, daß Freud mit seiner hochartistischen Prosa uns dies alles mitteilt, ohne den apokalyptischen Ton anzuschlagen. Die Rätsel, die das Leben aufgibt, rechtfertigen es zugleich. Diese Welt ist das Artefakt eines großen Stilisten, und da Freud an dessen Stelle keinen Gott mehr walten läßt, ist der Löser der Rätsel zugleich der Demiurg, der sie sich hinter dem eigenen Rücken aufgibt. Sich und anderen. Kaum hatte Freud den Todestrieb gegen das Lustprinzip in Szene gesetzt, als er sich auch schon bei ihm bemerkbar machte. Und zwar genau datiert – wie die wichtigen theoretischen Zugewinne bei Freud auch sonst – auf den 13. März 1921. Am 8. Mai darauf schrieb er an seinen Statthalter in Budapest, an jenem Tag habe er *ganz plötzlich einen Schritt ins wirkliche Altern getan*. Seither verlasse ihn der Todesgedanke nicht mehr. Manchmal habe er den Eindruck, *daß sieben Organe sich noch um die Ehre streiten, meinem Leben ein Ende machen zu dürfen*. Er fügt hinzu, daß er dieser Hypochondrie nicht verfallen sei, sondern ihr *kühl überlegen* zuschaue, *wie etwa den Spekulationen im »Jenseits«* – und mit diesem ist nichts anderes gemeint als der Titel des Traktats, mit dem der »Todestrieb« proklamiert worden war: »Jenseits des Lustprinzips«.

Nun wäre mit dieser kleinen Apostrophe auf das ›Jenseits‹ alles ausgestanden, wenn nicht Freuds Arzt Max Schur über dem Text dieses Briefes ins Stutzen geraten wäre. Ihm fiel auf, daß Freud damals, zwei Tage nach seinem 65. Geburtstag und noch zwei Jahre vor dem Ausbruch seines Krebsleidens, die Verrätselung eines unbestimmten Selbstbefundes vorgenommen hatte, an der offenbar wegen der Typik dieses Stilmittels niemand Anstoß genommen hatte. Weder die Durchsicht der Korrespondenz noch das Mitraten der Freud-Tochter Anna brachten Klärung, was es mit den ›sieben Organen‹ auf sich hatte, die als Vollstrecker des Todestriebs im Streit lagen – immerhin wußte Schur nun, daß keines der galenischen ›Organe‹ obsiegt hatte, sondern eben die dem Destruktionstrieb präzise angemessene Verderbnis.

Freud hatte sich, wie so häufig und mit so großem Erfolg bei Ödipus und Narziß, eines antiken Versatzstückes bedient. Der Arzt Schur, dem das schließlich aufgegangen war, fügt hinzu: *mit der Selbstironie, die oft therapeutisch so wirkungsvoll ist.* Wirkungsvoll war zunächst, wie der Liebhaber der Griechen die Unbestimmtheit seiner Todessucht hinter dem berühmten Distichon verbarg, nach dem sich sieben Städte (*hepta poleis*) um die Ehre gestritten hätten, Geburtsorte des Homer zu sein. Und wie sich versteht, gebrauchte Freud diese Formel nicht nur so redensartlich, wie Max Schur es annimmt; der listige Verrätsler wußte, was in der »Anthologia Palatina« über den Geburtsstädtestreit hinaus gefolgert worden war. Am wenigsten mochte ihm daran liegen, daß, wenn nicht die Erde Homer geboren hätte, die Musen vom Äther her ihn gesandt haben mußten. Doch gab es noch eine Stichomythie, in der Homer selbst die Reihe der rivalisierenden Geburtsorte ableugnet und am Ende sich weigert, die Wahrheit preiszugeben: *Nenne ich die wahre, mache ich mir die anderen zu Feinden.* So war es mit der Wahrheit, wie Freud sie *kannte* und woran er sie *erkannte*.

Der weite Umweg aber, über die ›sieben Organe‹ schließlich

zu einer verborgenen Fundstelle von Freuds Wahrheitsbegriff zu gelangen, wäre nur denen erlaubt, die als Rätsellöser nach den Regeln des Meisters der Verrätselung verfahren dürfen. Es sei daher ausdrücklich vor der Zulässigkeit des hier Mitgeteilten für unbefugte Eklektiker gewarnt. Allerdings, sollte jemand derartiges geträumt haben …

Verlesung bei Montaigne

Daß die großen Herren von der Jagd nicht lassen können, auch wenn sie keine Beute machen, ist eine der Wahrheiten über den Menschen, die Montaigne in den umfassendsten seiner »Essais« (II 12), die »Apologie de Raimond Sebond«, eingebracht hat. Die Philosophen werden nicht von ihrer Philosophie bestimmt, sondern gehen als Skeptiker wie als Stoiker ihrem Erkenntniswahn nach, als gäbe es ihre Resignationsformeln nicht.

So auch der Begründer der Atomistik, Demokrit von Abdera, nach einer bei Plutarch überlieferten Anekdote: Einst schmeckten ihm bei Tisch Feigen (*des figues*) nach Honig, und sogleich begab er sich zum Feigenbaum, um die Ursache solcher Süßigkeit zu erforschen. Das bemerkte seine *chambrière* und klärte lachend – schon wieder eine den Philosophen beim Forschen verlachende Magd – den Sachverhalt auf: Im Gefäß, worin sie die Feigen verwahrte, sei vorher Honig gewesen. Demokrit war verärgert; nicht über die Verfälschung des Feigengeschmacks, sondern über die Entkräftung einer Gelegenheit zum Forschen. Während die genuine Anekdote zeigt, wie wenig der Atomistiker seiner Theorie folgt, daß Sinnesqualitäten nur subjektiv im Verhältnis zur Atomgestalt seien, der Naturforscher aber so tun muß, als ob diese besondere Süße objektiv den Feigen zugekommen wäre, will Montaigne die der Jagdbegier gleichende *passion studieuse* als Pointe, die sich durch keine Ernüchterung abhalten läßt – auch sie zur ›Natur‹ des Menschen gehörig wie jene Honigsüße zu der der Feigen.

Nun hat Montaigne des Plutarch »Quaestiones convivales«[32]

32 Montaigne, Essais II 12 (258 B); Plutarch, Quaestiones convivales I 10,2 (628 C), bei Diels-Kranz 68 A 17 a (II 87).

nach einem lateinischen oder französischen Übersetzer zitiert, der im griechischen Text *to sykon*, die Feige, für *ton sikyon*, die Gurke, gelesen hatte. Das verändert die Geschichte schon auf den ersten Blick, weil der Honiggeschmack für eine Gurke absonderlicher ist als für eine Feige; daß nach einem Baum nicht zu suchen war, hat Montaigne seiner Quelle gelassen, denn da begibt sich Demokrit nur zu der Stelle, an der die Feigen geerntet waren. Wollte der Übersetzer den Kunstfehler der Hausmagd verkleinern, Gurken im Honigtopf zu verwahren, um den Ärger des Philosophen ganz von objektiver Berechtigung freizuhalten?
Im ganzen, könnte man sagen, ist den Zeitgenossen der Übersetzer Xylander oder d'Amyot – und durch sie dem Weltpublikum der »Essais« – nichts entgangen oder zugefügt worden, indem die Gurke durch die Feige abgelöst worden war. Daß die Rezeptionslage nach Sigmund Freud eine ganz andere geworden ist, scheint zu keinen Weiterungen in der Montaigne-Literatur geführt zu haben. Zum Glück, weil sonst die Finesse der Rollenverteilung der ›Realismen‹ von Philosoph und Magd über der Gurke im Honigtopf ganz überwuchert worden wäre. Nun weiß man, nach dem Vorübergang der Deutungslüste, erst ganz zu schätzen, was einem an *passion studieuse* erspart geblieben ist.

Schnitzler träumt im voraus

Als Leser der »Traumdeutung« war Arthur Schnitzler zuerst erstaunt über die Genauigkeit seines Träumens: die Deutung paßte auf die Träume. Erst allmählich wurde ihm die Präzision, mit der er träumte, suspekt: Sollte er schon nach dem Rezept der Deutbarkeiten geträumt haben?

Als die auf die Jahrhundertwende vordatierte »Traumdeutung« schon da, aber noch nicht zu lesen war, hatte Schnitzler auch schon ›passende‹ Träume. Nur paßten sie in anderer Weise, als er es alsbald erwarten, wenn nicht heimlich wünschen sollte. Er war, zu seinem Glück, ein oberflächlicherer Träumer. Der Zugang vom manifesten Trauminhalt zum latenten Traumgedanken – wenn es denn einen solchen überhaupt gab – war allzu ›dick aufgetragen‹. Der Anschluß an das Tageserleben beherrschte die Schlafverteidigung.

Nachdem ein Blinddarmdurchbruch der Geliebten Marie Reinhard das Leben genommen hatte, ist er für eine Weile nach Bad Ischl zwecks Ungeselligkeit und Schriftstellerei gegangen, wo Hofmannsthal den Selbstausschluß vom Leben mildert. Von dort berichtet er einen von ihm als ›sonderbar‹ qualifizierten Traum an den Freund Gustav Schwarzkopf (25. 8. 1899). Er erwartet Mizzi, hier ›die Entschwundene‹ genannt, vor einem Hutgeschäft, wobei er sich träumend darüber wundert, daß er an einer Stelle ganz nahe dem Haus auf sie wartete, in dem sie gestorben war. Dann, als sie kommt, ist sie eine ›ganz alte Frau‹. Es scheint ihm, als wolle sie sich dafür entschuldigen: *daß sie mich so lange habe warten lassen, daß sie so alt und daß sie schon todt sei.* Noch die Kürze des Berichts läßt den Leser mit Schaudern empfinden, was der Briefschreiber abschließend hinsetzt: *Es war ganz entsetzlich.*

Doch hat das Entsetzen einen eigentümlich literarischen Anhauch. Nicht an Hebels Kalendergeschichte »Unverhofftes Wiedersehen« zu denken, ist so wenig möglich wie die Fälschung durch den Traum zu übersehen, der die Lebende und den Toten vertauscht, doch die Altersdifferenz bestehen läßt. Gibt es daraus Hintersinn zu deuten? Vielleicht ist an der Bereitschaft Schnitzlers, den Traum mitzuteilen, die Empfindung für den Vorwurfsgehalt wahrzunehmen: Er hatte die Geliebte, obwohl sie Mutter seines totgeborenen Kindes geworden war, nicht geheiratet, obwohl sie keins der ›süßen Mädel‹ gewesen war, von denen er Ruin seines Rufes befürchtete.

Doch kann jeder Tief- und Hintersinn der Deutung hier mißachtet werden, weil Schnitzler im selben Brief mitteilt, daß *auch Hugo da ist und fleißig an seinem Stück schreibt, »die Bergwerke von Falun«*. Das fünfaktige Trauerspiel hat Hofmannsthal zwar im folgenden Jahr zu Ende gebracht, doch wurde es erst nach seinem Tod 1933 gedruckt. Schnitzler wird den Stoff gekannt, in Ischl das Nähere von Freund Hugo erfahren haben. Um so erstaunlicher ist, daß er die beiden Fakten, den Traum und die Arbeit Hugos an »Falun«, beziehungslos nebeneinander stellt, als wäre der Traum nicht die Umarbeitung des Dramenstoffes auf seine Verstörung: daß die tote Marie in Gestalt der altgewordenen Braut des Bergmanns sich bei ihm dafür entschuldigt, tot zu sein.

Das Postulat des Haltmachenkönnens

Die Philosophie behandle eine Frage wie eine Krankheit.[33] Aber wann ist die Behandlung einer Krankheit erfolgreich beendet? Wenn an ihre Stelle Gesundheit getreten ist. WHO: *Gesundheit ist der Zustand völligen körperlichen, geistigen und sozialen Wohlbefindens ...*

Ja, wenn es die Philosophie mit der Frage, die sie behandelt, so weit bringen muß, wird sie nie zu der Feststellung gelangen, sie habe ihre Behandlung abgeschlossen.

Dagegen Wittgenstein mit dem Postulat des Haltmachenkönnens[34]: Die Behandlung muß die Zustimmung des Kranken finden können, also: relative Erleichterung bis Zufriedenheit im Verhältnis zum Zustand der Behandlungsbedürftigkeit. Jede idealisierte Norm hindert den Betroffenen daran, sich besser zu fühlen. Aber auch dies ist eine Art der Gefälligkeit: Er will, daß noch mehr für seine Frage getan wird!

Metapher der ›Denkkrankheit‹, die nicht abzuschneiden, sondern ihren natürlichen Verlauf zu nehmen habe und langsam zu heilen sei – deshalb *die Mathematiker so schlechte Philosophen!!*[35]

33 Ludwig Wittgenstein, Philosophische Untersuchungen (Schriften I). Frankfurt 1963, 393 (§ 255).

34 Ludwig Wittgenstein, Schriften V. Frankfurt 1970, 353.

35 A. a. O. 365. »Zettel« § 382.

Die Verführung zur Geldverachtung

Den Verächtern der klassischen Philosophenanekdote vom Typus des bei Diogenes Laertius oder Jacob Brucker Gesammelten entgeht zu leicht, daß in vielen dieser kleinen Stücke Fiktionen über das durch Philosophie an Verhalten und Lebensform Mögliche stecken, wie wir es auch als ›Gedankenexperiment‹ lesen können. Man merkt das am ehesten, wenn man danach fragt, wo denn Ersatz für solche Variationen gefunden wurde. Der fiktive Reisebericht der Aufklärung bereitet nur vor, was die beschreibende Ethnologie auf die volle Toleranzbreite des Denkbaren geweitet hat.

Ein Liebhaber der ›freien Variation‹ mit exotischen ›Volksstämmen‹ ist Wittgenstein. Er benutzt sie auch, um die extreme Zumutung der Mißachtung des Prinzips der Widerspruchsfreiheit im Kalkül drastisch zu verstärken: *Wie man Leute eines Stammes denken könnte, die, wenn sie Münzen zur Erde fallen lassen, nicht der Mühe wert halten, sie aufzuheben.*[36] Während der distanzierte Leser solchem Verhalten unterstellen möchte, dann wüßten diese Leute wohl nicht, was eine Münze ist, kann das für Wittgenstein ausgeschlossen werden: Er wählt das Münzgleichnis als Sokratiker der Geldverachtung mit dem Bedacht dessen, der sich gern nicht anders verhalten möchte.

Damit aber ist augenfällig, daß dies eine Anekdote sein oder gewesen sein könnte – eine nur verlorene oder vergessene –, wie sie konsistent zur Sokrateslegende paßte. Dann wäre der kleine erweiternde Zug nicht fernabliegend, ein Sophist habe Sokrates auf die Probe stellen wollen und ein schönes Gold-

36 Ludwig Wittgenstein, Schriften VI. Frankfurt 1974, 369.

stück absichtlich fallenlassen, beobachtend, ob Hand oder Miene zucken würden.

Wittgenstein kommt es auch auf einen ›Wert‹ an, genauer darauf, die Wertabhängigkeit der Regeln für den Ausschluß von Paradoxen zu markieren. Der Verletzung von Regeln ginge dann voraus, daß die Erreichung des diskursiven Zieles, in dessen Dienst sie ›gelten‹, nicht so hoch im Kurs stehen würde wie Exaktheit im Zeitalter strenger Wissenschaften. Der Satz vom ausgeschlossenen Dritten wird zu einer anthropologischen Spielart, die leichter zu handhaben ist als eine historische Generalprämisse: Es denkt sich leichter radikal Abweichendes über unbekannte Mentalitäten, die man nach Lévy-Bruhls Vorgabe ›primitiv‹ nannte. Wichtig dabei ist, daß die ›Logik‹ nicht aus der Vermeidungsform letaler Katastrophen des Bewußtseins abgeleitet werden kann: Da leben ganze Volksstämme, ohne sich um ihre Widersprüche zu scheren. Das Paradox ist eben nur der Titel für eine beträchtliche Unzweckmäßigkeit im Verfahren – aber ›Unzweckmäßigkeit‹ im Verfahren ist gerade das, was man bei Ritualen und Prozeduren entlegener Kulturen wahrnehmen zu können glaubt. ›Worauf es ankommt‹, ist nicht dasselbe, was Umständlichkeiten zu vermeiden geraten sein ließe.

Die ganze Überlegung reflektiert sich auf den Philosophen selbst: Exotisch ist, worauf es ihm ankommt, wenn er Leuten wie Russell und Frege zusieht, wie sie dem Unselbstverständlichen wie einem mit Ungunst drohenden Idol huldigen: *Die Mathematik muß absolut sein.*[37] Daher: *Man kennt es dir an, im Kampf womit du aufgewachsen bist.*[38] Kein Wort könnte genauer auf Wittgenstein passen.

37 A. a. O. 373.

38 Ludwig Wittgenstein, Schriften VIII. Frankfurt 1982, 203.

Erster Eindruck

Nach seinem ersten Zusammentreffen mit dem ein Jahrzehnt später ermordeten Begründer des Wiener Neopositivismus, Moritz Schlick, befragt, äußerte sich Wittgenstein in einem einzigen Satz: *Wir haben uns gegenseitig für verrückt gehalten*.

Wer vom ersten Eindruck erste Kenntnis erhält, hat zwei Optionen zu reagieren.

Die erste: Sie waren es!

Die zweite: Müssen Philosophen so sein? Bleibt ihnen nichts als diese Exotik füreinander?

Allerdings sind die Bedingungen der reziproken Fremdheitsverhältnisse nicht vordergründig klar. Zum philosophischen Alltag gehört eher, daß sich Philosophen zu Hunderten und Tausenden auf ihren großen Kongressen scharen, einander nicht verstehen, dies aber auch für kein Unglück, vielmehr für eine berufstypische kleine Irregularität zu halten scheinen, die bei etwas längerer Dauer der Kongresse und zumal ihrer Vorträge und Diskussionen von selbst aus der Welt käme. Aber im Grunde nehmen sie ihre Differenzen nicht so wichtig, weil diese unerkannterweise so groß sind, daß jede Erregung des Gemüts darüber wie jede intellektuelle Anstrengung dagegen ohnehin vergeblich wären.

Wenn das so ist, ergibt sich fast zwangsläufig, daß das Risiko des Verrücktheitseindrucks in dem Maße wächst, wie die Differenzen schrumpfen. Einander zwar nahezustehen, dann aber doch nicht strikt dasselbe für richtig und zumal für wichtig zu halten, das freilich ist ein Ärgernis bis zu dem Grade, die Unverständlichkeit des anderen mit seiner Insistenz auf der Mikrologie der Abweichung für schlechthin ungesund zu befinden.

Dazu ein Letztes: Wahrscheinlich ist das Fürwichtighalten noch gewichtiger als das Fürrichtighalten. Nicht viel scheint daran zu fehlen, daß man zu sagen hätte: Wenn man nur das Richtige für wichtig hält, ist es schon so gut wie egal, was darüber man für richtig hält.
Das freilich wird weder bei ersten noch bei weiteren oder gar letzten Begegnungen jemals ausgesprochen werden. Darin ist man sich differenzlos gleich.

Die imaginäre Annäherung an eine endgültige Wahrheit – Wittgensteins Kriegstagebücher 1914-1916

Der Gedanke, der sich an's Licht arbeitet. Notiz Wittgensteins aus dem Jahre 1946. Licht und Arbeit, miteinander unverträgliche Vorstellungen durch eine ganze Tradition hindurch. Solange das Licht die Metapher der höheren Erleuchtung oder die der inneren Vernunftnatur war, lag der Gedanke immer zu nahe an der Wahrheit, als daß die letzten Schritte, sie zu gewinnen, sich hätten als Arbeit ausgeben dürfen. Annäherung war, wenn die Erkenntnis schon nahe genug lag, kein rechtmäßiger Begriff. So nahe, wie man dem Tod war, war man auch, so oder so, der Wahrheit – der beseligenden wie der schrecklichen. Doch geht Wittgensteins Aphorismus noch über den neuzeitlichen Status der Arbeitsbedingtheit von Erkenntnis hinaus. Es ist ja nicht der theoretische Arbeiter – etwa in der Gestalt des Wissenschaftlers –, der sich ans Licht heranarbeitet, es ist der Gedanke selbst, der an ein Licht kommt, das kein höheres oder inneres, sondern am ehesten das des Tages ist. Hat er sich herangearbeitet, tritt er zutage. Und muß er zutage treten, um sichtbar zu sein, so war er zuvor unterhalb dessen, am ehesten unterirdisch. Der Gedanke ist der Wühler, der sich aus seinem Dunkel hervorarbeitet. Er ist es, der sich dem nähert, der auf ihn wartet. Und dem, der ihn dann zu sehen vermag.

Die Erfahrung, die hinter solcher Formel stehen mag, entzieht sich dadurch dem Aufschluß, daß bei Wittgenstein auch die zu Tage getretenen Gedanken die abgeschlossene wie abschließende Dekretform des Aphorismus angenommen haben. Die Sprünge, die zwischen den Gedanken liegen, sind nicht ›Gedankensprünge‹. Sogar der »Tractatus« täuscht die Dichtigkeit eines systematischen Aggregatzustandes nur vor, zumal durch die Dezimalnotation. Er ist ›wesensmäßig‹ aphoristisch.

Was demzuvor in den Tagebüchern der Jahre an der östlichen Front 1914-1916 als *Bemerkungen* niedergeschrieben worden war, ist das schon ›Bemerkte‹, weil ans Licht Gekommene. Die greifbarste Ansage des um mehr als drei Jahrzehnte späteren Apophthegmas steht gleich zu Kriegsbeginn zweimal da, als sollte eine drückende Pflicht auf den Selbstvortrieb der Sache abgewälzt werden: *Die Logik muß für sich selber sorgen.* Das wird im »Tractatus« (5.473) wiederkehren, aber als im Kontext isolierte Vertröstung mit der Klausel: *Wir können uns, in gewissem Sinne, nicht in der Logik irren.* Am 2. September 1914 stand noch die hochgemute Qualifikation: *Dies ist eine ungemein tiefe und wichtige Erkenntnis.* Das sieht wie eine Freistellung aus, die dann nicht hält, was sie zugesteht – und deshalb im »Tractatus« *nicht mehr* am Anfang stehen sollte.

Nun kann man den 1960 publizierten Frontnotizen seit 1985 die persönlichen und chiffrierten Tagebücher[39] derselben Zeit parallelisieren und bei allem Absehen von der Indezenz des psychologischen Aspekts beobachten, wie es mit der Sorglosigkeit um die Logik nach jenem Introitus in die Kriegsphase wirklich bestellt war. ›Arbeit‹ ist das Stichwort für Selbstzweifel und Resignation in den verschlüsselten Notizen, ›Sehen‹ steht für das Erwartete, Ausbleibende: *Ob es jetzt für immer mit meinem Arbeiten aus ist?!!! Das weiß der Teufel!... Ich sehe gar nichts!!!* (21. 8. 14) Das Patrouillenschiff »Goplana« auf der Weichsel läuft auf eine Sandbank, aber der erfolglose ›Arbeiter‹ muß notieren: *Kann*

39 Ludwig Wittgenstein, »Gmundener Notizbücher«, ed. Wilhelm Baum, in: »Saber« 5/6, 1985.

noch immer auf nichts Festes kommen. (22. 8. 14) Den Humor mag nur der unerwünschte Leser spüren.

Dann ein Schimmer von Helle: *Arbeite täglich etwas, noch ohne rechten Erfolg, obwohl schon manches aufdämmert.* (29. 8. 14) Bestimmter eine Woche darauf: *Ich bin auf dem Wege zu einer großen Entdeckung. Aber ob ich dahingelangen werde?* (5. 9. 14) In den theoretischen Notizen läßt sich nichts von ›Weg‹ und ›Entdeckung‹ erschließen, wohl aber eine gegen Russells Rigorismus gerichtete Trotz- und Resignationsformel: *Wenn sich die Logik ohne die Beantwortung gewisser Fragen abschließen läßt, dann muß sie ohne sie abgeschlossen werden.* (4. 9. 14) Insgeheim vergleicht sich der Tolstojaner mit dem Linsenschleifer Spinoza: *Am besten kann ich jetzt arbeiten, während ich Kartoffeln schäle.* (15. 9. 14) Doch der Theoretiker, der sich noch am 8. 9. gegen Russells Rede vom ›Einleuchten‹ als letzter Instanz wendet, das *immer gänzlich trügerisch ist und war* (was in den »Tractatus« 5.4731 eingehen wird), schreibt alsbald (am 20. 9.) selbst: *Daß der Satz ein logisches Abbild seiner Bedeutung ist, leuchtet dem unbefangenen Auge ein.* Am 10. Oktober ist *viel gearbeitet* worden, doch *ohne positiven Erfolg*, wenn nicht der seltsame Satz am Schluß der intimen Notiz stände: *Es ist mir, als läge mir ein Gedanke schon fast auf der Zunge.* Der Gedanke schon und nur als gesprochener? Die offene Entsprechung am 13. 10. erweitert den Initialsatz um ein wichtiges Stückchen, um den die authentische Arbeit der Logik ›sehenden‹ Zuschauer: *Die Logik sorgt für sich selbst; wir müssen ihr nur zusehen, wie sie es macht.* Der verspätete Leser denkt daran, daß in diesem Jahrzehnt die »Genetische Logik« Husserls als Beschreibung *vorprädikativer* Leistungen des Bewußtseins entsteht.

Der ausbleibende Gedanke wird im Maße seiner Absenz von der ›Lösung‹ zur ›Erlösung‹. Am 15. 10. heißt es im Chiffrennotat: *Es scheint mir fast, als stünde ich knapp vor einer Lösung.* Zwei Tage später im Rückblick: *Der Knoten zog sich immer mehr zusammen, aber ich fand keine Lösung ... Ob mir der erlösende Gedanke kommen wird, ob er kommen wird??!!* (17. 10.) Das liest sich wie ein Adventstext. In offener Schreibung steht am 15. 10.: *Wenn man sich vor der Wahrheit fürchtet (wie ich jetzt), so ahnt man nie die volle Wahrheit.* Doch was wäre dann gemeint mit dem sekreten Satz: *Die Lösung des Problems liegt mir auf der Zunge!* (19. 10.)?

Die Sprache der ›Arbeit‹ wird gesteigert zu kriegerischer Metaphorik: *Ich belagere jetzt mein Problem* – (24. 10.) Wenige Tage später: *Sehr viel gearbeitet. Belagere noch immer mein Problem, was schon viele Forts genommen.* (29. 10.) Am selben Tag das offene Notat: *Der Satz muß zeigen, was er sagen will. – Er muß sich zu seiner Bedeutung ähnlich verhalten, wie eine Beschreibung zu ihrem Gegenstand.* Die allfällige Probe jeder Logiktheorie an der Negation folgt schon am 30. 10.: *Man könnte auch auf einem Bild eine negative Tatsache darstellen, indem man darstellt, was nicht der Fall ist.* Brauchte man da nicht zu dem Bild ein ›Vorzeichen‹, das nicht ›im Bild‹ wäre?

Doch sollte man es dem ohnehin von seiner desolaten Lage Gequälten nicht so schwer machen. Denn es kommt der ›heroische‹ Zugriff auf die Festung: *Den ganzen Tag gearbeitet. Habe das Problem vergebens gestürmt! Aber ich will eher mein Blut vor dieser Festung lassen, ehe ich unverrichteter Dinge abziehe.* (31. 10.) Was aber wäre im Erfolgsfall gewesen? Das wird schon vorausbedacht, als tröste über das Versagen hinweg, wieviel schwerer es mit dem Gegenteil gewesen wäre, *die einmal eroberte Festung zu halten, bis man ruhig in ihnen sitzen kann. Und bis nicht die Stadt gefallen ist, kann man nicht für immer ruhig in einem der Forts sitzen.* Wieder im Klartext am 1. November: *Ob ein Satz wahr oder falsch ist, muß sich zeigen. Wir müssen aber im voraus wissen, wie es sich zeigen wird.* Das ›Sichzeigen‹ noch ohne das Herausziehen des ›Phänomens‹, weg von der neutralen ›Erscheinung‹, aus der Wurzel des griechischen Mediums *phainesthai*?

Die Sprache der Vergeblichkeit in den persönlichen Notizen hat eine eigentümliche Interferenz von Gewaltsamkeit und Geruhsamkeit, von Be›griff‹ und Anschauung. Am 12. November in Krakau: *Ziemlich viel gearbeitet, aber ohne rechte Klarheit des Sehens! Ob ich noch weiter werde arbeiten können? Ob der Vorhang schon fällt? Es wäre merkwürdig, da ich in mitten eines Problems stecke, in mitten einer Belagerung – !* Am folgenden Tag vergeblich zu arbeiten bemüht: *Das klare Sehen will sich nicht einstellen.* Das Nachdenken über das eigene Leben schiebt sich vor die ›Arbeit‹ – *Oder ist es umgekehrt?* (13. 11.) An demselben Tag das offene Notat: *Bei dieser Arbeit lohnt es sich mehr als bei jeder anderen, Fragen, die man für gelöst hält, immer wieder von neuen Seiten als ungelöst zu betrachten.* Hatte es eine Lösung gegeben? Lag sie in dem Platonismus: *Der Satz bestünde dann aus Urbildern, die auf die Welt projiziert wären*? (12. 11.) Oder lag sie im Zurückkommen auf die Negation? *Die Verneinung ist im selben Sinne eine Beschreibung, wie der Elementarsatz selbst.* Und der *Schatten, welchen das Bild gleichsam auf die Welt wirft: Wie soll ich ihn exakt fassen?* Da gerade sei ein tiefes Geheimnis, *das Geheimnis der Negation: Es verhält sich nicht so, und doch können wir sagen, wie es sich nicht verhält.* (15. 11.)

Wie jeder starke Logiker, sucht sich auch dieser am ›Geheimnis‹ der Negation zu messen, und es mag dieser Kraftakt sein, der seine ›Privatsprache‹ bestimmt: *Wieder keine Klarheit des Sehens. Obwohl ich ganz offenbar vor der Lösung der tiefsten Fragen stehe, daß ich mir fast die Nase daran stoße!!! Mein Geist ist eben jetzt dafür einfach blind! Ich fühle, daß ich an dem Tor daran stehe, kann es aber nicht klar genug sehen, um es öffnen zu können.* Das Paradox ist, daß er zwar das Tor nicht klar genug sehen kann, aber *noch nie so klar empfunden* hat, in welch *ungemein merkwürdigem Zustand* er sich dabei befindet. (16. 11.) Auf diese Selbstbestimmung ist intentional die Anstrengung gerichtet, in der sich das Versagen herausstellt, weil es diesen rätselhaften Vorgeschmack des Unerreichten gibt: *Aber noch immer kann ich das eine erlösende Wort nicht aussprechen. Ich gehe rund um es herum und ganz nahe, aber noch konnte ich es nicht selber erfassen!!* (21. 11.) Am Tag danach: *Das erlösende Wort nicht ausgesprochen. Gestern lag es mir einmal ganz auf der Zunge. Dann aber gleitet es wieder zurück.* (22. 11.) Dieses ständig wiederholte Auf-der-Zunge-liegen nimmt dingliche Konsistenz an, ein früher Vorgriff auf den Substantialismus der Sprache: die Zunge Organ des Schmeckens wie des Redens, des Quietismus wie des Aktionismus, der Empfindung wie – der Rhetorik.

Die metaphorische Interferenz der ›Zunge‹ leitet von den Imaginationen der Belagerung über zu denen der Selbstauflösung. Noch am 24. November heißt es: *Immer wieder liegt mir die fehlende Erkenntnis auf der Zunge.* Am übernächsten Tag schon, daß man beim Stocken nicht weiterdenken darf, *sonst bleibt man daran kleben.* Die Passivität in der Kriegsszene verschmilzt mit der Situation des nur noch Wartenden: *Die harten Probleme müssen sich alle von selbst vor uns auflösen. Starker Kanonendonner. Was ich auch tue, die Probleme ballen sich wie Gewitterwolken zusammen. Und ich bin nicht im Stande, einen dauernd befriedigenden Standpunkt ihnen gegenüber einzunehmen.* (26. 11.) An eben diesem Tage im philosophischen Journal: *Wenn von einem Dinge alle positiven Aussagen gemacht sind, sind doch nicht schon alle negativen auch gemacht! Und darauf kommt alles an! ... Kurz: Ich kann nur verneinen, daß das Bild stimmt, aber das Bild kann ich nicht verneinen.* Noch einmal zurückgeblickt ins intime Journal dieses donnerreichen Tages: *Sehr viel gearbeitet, aber ohne die Lage irgendwie klären zu können.* Die Lage? Das ist schon mehr als der Gedanke, das erlösende Wort, die Erkenntnis *auf der Zunge.*

Zwei Monate später, Ende Januar 1915, ist der Quietismus vollendet, die Schicksalsergebenheit des Lebens auch zu der des Fragens geworden. In den unverschlüsselten Notizen verebbt die Anspannung, *das Wesen allen Seins* dadurch *angeben* zu wollen, *das Wesen des Satzes zu erklären* (22. 1. 15), in der Resignation vom 15. April: *Ich kann eben nicht herausbringen, inwiefern der Satz das Bild des Sachverhaltes ist! Beinahe bin ich bereit, alle Bemühungen aufzugeben.* Dazwischen liegt die chiffrierte Notiz zum Arbeitsstand: *Nur durch Wunder kann sie gelingen. Nur dadurch, indem von außerhalb mir der Schleier von meinen Augen weggenommen wird. Ich muß mich ganz in mein Schicksal ergeben. Wie es über mich verhängt ist, so wird es werden.* (25. 1. 15)

Wenn Wittgenstein vier Jahre später nach Kriegsende aus italienischer Gefangenschaft zurückkehrt, ist er erfüllt von dem Gedanken, im Gebirge seinem Leben ein Ende zu setzen. Statt dessen vollendet er den »Tractatus«, die »Logisch-philosophische Abhandlung«, mit der die Aufgabe der Philosophie, soweit es sie noch gab, vollbracht sein sollte. Dies ist zu erwähnen, weil der Anfang der Verwicklung von »Tractatus«-Arbeit und Selbstmordabsicht in den Monaten liegt, die in der Verschlüsselung der »Gmundener Notizbücher« dokumentiert sind. Deshalb wird ein einziges Mal die hier abgeschirmte ›moralische‹ Ebene des Tagebuchs herangezogen: für das Ausschlagen zwischen Endigung und Vollendung, Abbruch und Vollzug in der Annäherung an das *erlösende Wort.*

Es war nicht das erste Mal, daß er an Selbstmord dachte, aber wohl die erste Herstellung des Verbundes zwischen dem Schicksal des späteren »Tractatus« und der ›Arbeit‹ als Bedingung für seinen Lebensfortbestand, als er am 26. Februar 1915 niederschrieb: *Denke an Selbstmord. Werde ich je wieder arbeiten??!* Am Tag darauf: *Es ist mir, als sollte ich nie mehr eine große Entdeckung machen.* Kein Licht fällt zurück auf die Augenblicke, in denen er sich so nahe an der ›großen Entdeckung‹ gesehen hatte: Welcher Art mochte sie gewesen sein? Wohl nicht von der des »Tractatus«, denn der enthält nichts vom Typus des erlösenden Worts. Man muß annehmen, daß er das, was ihm einmal schon *auf der Zunge* gelegen hatte, mit dem siebten und letzten Satz des »Tractatus« sich selber ein für allemal verbieten wollte: *Wovon man nicht sprechen kann, darüber muß man schweigen.* Er hatte nicht sagen können, was ihm so nahe erschien und doch unerreichbar blieb. So wurde aus jener Urerfahrung ein Verbot.

Noch einmal ist Selbstmordabsicht im Tagebuch für den März 1916 belegt, und dort als ›Umwandlung‹ der ausbleibenden ›Arbeit‹ in die eigenhändig ausgeschlossene: *Ich habe schon seit mehr als einer Woche nichts mehr gearbeitet. Ich habe keine Zeit! Gott! Aber es ist ja natürlich, denn wenn ich tot sein werde, werde ich auch keine Zeit zum Arbeiten haben.* (29. 3. 1916) Der Tod, hier als der freie durch Vergiftung belegt, ist nur die Konsequenz aus dem Zustand des der ›Arbeit‹ vorenthaltenen Lebens, der verlorenen Lebenszeit. Dann, als der Tod auf dem Beobachtungsstand ihm nahekommt, gewinnt das Leben für einen Moment durch die Ferne zur ›Arbeit‹: *Hätte jetzt reichlich Zeit und Ruhe zum Arbeiten. Aber es rührt sich nichts. Mein Stoff ist weit von mir entfernt. Der Tod giebt dem Leben erst seine Bedeutung.* (9. 5. 16) Eben das wird noch für den endlichen Abschluß der »Logisch-philosophischen Abhandlung« gelten.

Das Schweigen, um Philosoph zu bleiben

Von allen Ratschlägen, die jemals von Philosophen für ihresgleichen und für andere gegeben worden sind, ist wohl keiner weniger befolgt worden als der letzte Hauptsatz von Wittgensteins »Tractatus«: *Wovon man nicht sprechen kann, darüber muß man schweigen.*

Nach dieser Vorschrift handelnd, hat Wittgenstein selbst fortan geschwiegen. Aber nicht für immer. Als er wieder zu sprechen begann, erfand er wie zur Wiedergutmachung am Verschwiegenen die ›Sprachspiele‹. Dieser Ausdruck gehört selbst in ein ›Sprachspiel‹, das zumindest zuläßt, daß mit der Sprache gespielt wird, wo sonst nach jener früheren Vorschrift geschwiegen werden müßte.

Mußte nun auch auf ihn der alte Spruch angewendet werden, wenn er doch geschwiegen hätte, wäre er Philosoph geblieben? Er hätte geantwortet – und hat es faktisch getan –, an nichts läge ihm weniger als daran, Philosoph zu bleiben; es gehe nicht darum, philosophisch zu reden, sondern über die Philosophie zu sprechen. Das tue man, indem man der Verhexung durch die Sprache auf die Spur komme. Im übrigen hätten es die Philosophen Wittgenstein nie verziehen, wenn er es mit dem Schweigen bis aufs Letzte getrieben hätte – nicht einmal die, die ihm als Widerspruch nachtragen, daß er sich nicht ans eigene Verbot gehalten habe. Er hat weitergemacht; wir alle dürfen weitermachen. Wer nicht mehr spekuliert, der spielt eben.

Bei diesem guten Ausgang für alle ist es vielleicht doch nützlich, auf die Herkunft jener Redensart vom Philosophbleiben durch Schweigen aufmerksam zu machen. Boethius hat sie in seiner Schrift »Über den Trost der Philosophie« in Überlieferung gebracht. Da geht es um einen, der sich selbst als ›Philosophen‹ ausgibt und von einem anderen dafür zur Rede gestellt, ja beleidigt wird. Das wird ein Rhetorenstück gewesen sein, denn der Tadler führt vor, wie man sich vor den Rückschlägen aus solchen Insulten schützt. Er sagt dem anderen, er könne noch erweisen, ein Philosoph zu sein, indem er schweigend und geduldig die Vorhaltungen hinnehme, die er ihm gemacht habe. Der Geschmähte schweigt daraufhin tatsächlich. Nach einer Weile (*paulisper*) jedoch fragt er, ob er als Philosoph bestanden habe: *Jam tandem, intelligis me esse philosophum?* Da ist er in die Falle gegangen, sich den zum Gutachter zu bestellen, der sein Urteil schon abgegeben hatte und es nun leicht hat, ihm die Nichterfüllung der Bedingung zu bescheinigen: *Intellexeram, si tacuisses.*

Es ist da noch etwas mehr als ein dialektisches Musterstück für Redekünstler. Vielleicht läßt es sich so sagen: Wer schon fragen muß, ob er ein Philosoph sei, wird es kaum sein. So genommen, kann die Hinterlist von allen Prämissen und Vorgängen der Anekdote genommen werden: Die bloße Anfrage hätte genügt, um zu dem lakonischen Entscheid zu führen. Boethius aber verdirbt diese Pointe zugunsten der Entlarvung eines falschen Philosophen, von dem Autor und Leser wie der Gegner von vorneherein wissen, daß er nicht zu Tugendzwecken, sondern *ad superbam gloriam* sich fälschlich einen Philosophen nannte. Dann *konnte* er die Probe nicht bestehen. Für Wittgenstein gilt eher das Umgekehrte: Er mußte genötigt werden, ein Philosoph zu *bleiben.*

Welträtsellösungen

Die Sandale des Empedokles

Im August 1978 hatte der Ätna einen neuen Krater ausgeworfen. Er wurde zur touristischen Attraktion. Keine Warnung der Vulkanisten konnte die Schaulust zurückhalten. Im September 1979 schlug der Vulkan zu. Er tötete sechs Gaffer und verwundete dreißig schwer. Die Neapolitaner sagten daraufhin das Feuerwerk ab, mit dem sie anstelle ihres allzu träge gewordenen Vesuv ein wenig Schrecken simulieren wollten.

Man erinnerte weltauf weltab an Empedokles. Er war, einigen Nachrichten zufolge, im Kraterschlund des Ätna für immer verschwunden. Man hätte gern gehabt, er sei dahin gegangen, um den Ursprung des Feuers ein für allemal aufzuklären. Aber davon wissen die Quellen nichts. Er wollte den Zeitgenossen auf geheimnisvolle Art entschwinden, in Richtung aufs Göttliche, mit dem er sein Lebtag kokettiert hatte. Er wollte dem Glauben, er sei ein Gott, endgültige Bestärkung verschaffen. Respektlose Zeugen wollen ihn noch auf der Peloponnes gesehen haben, andere sogar sein Grab in Megara.

Antike Quellen haben oft ungeahnte, in Jahrhunderten herausgefilterte Feinheiten. Im Zusammenhang mit der Ätnakatastrophe von 1979 hat ein Kommentator die Reminiszenz, der Ätna habe, als sich die Legende von der Apotheose des Agrigentiners auszubreiten begonnen hatte, die Sandalen des Philosophen wieder ausgespieen – zum Beweis dafür, daß er nicht im Olymp, sondern im Hades angekommen sei. Das sollte man, meinte ich, an der Quelle genießen.

Dort aber, im achten Buch der Philosophenbiographien des

Diogenes Laertius, liest man mit Überraschung, die Wahrheit über den Verschlungenen sei dadurch zutage gekommen, daß *eine* seiner ehernen Sandalen zurückkam. Welche Finesse! Wie hatte sich Hephaistos gerächt, indem er den Usurpator der göttlichen Ehren nicht nur in die Unterwelt zog, sondern dort auch noch humpeln ließ.
Aristoteles kann an die postume Panne nicht gedacht haben, als er in seinem verlorenen Dialog »Sophistes« den Empedokles zum Erfinder der Rhetorik ernannte. Und Rhetorik steckt in der Suche nach der allerletzten Beglaubigung durch den Vulkansturz. Es fiel immer schwer, an denen zu zweifeln, die zum großen Wort auch noch den großen Tod fügen können. Er ist das Letzte an Pathos, weshalb ihn auch die Satire in ihrer spätesten Steigerung hatte verspotten müssen: bei Lukian in der Vita des Peregrinus Proteus, die seinen Feuertod als raffinierte Inszenierung ›entlarvt‹.
Der Spott, der vom Tod des Empedokles übrigbleibt, ist von milderer Art. Der Gott verliert den Schuh. Da nützt die Erfindung der Rhetorik nichts mehr.

Der Tod des Aristoteles

Es ist nicht gleichgültig, welche Tode die Philosophen sterben. Es genügt nicht, daß sie auf honorige Art der eigenen Sache treu hinscheiden: des Bestehens vor den Totenrichtern gewiß wie Sokrates oder unerschrocken-ungerührt wie Horazens Stoiker im Weltuntergang. Manches geht nicht an, wie ein Ertrinken des Philosophen im obligaten Schiffbruch; denn da hat er zu erweisen, wie mit der lichten Habe des Bedürfnislosen jeder Strand zu erreichen ist und seine Wahrheit überall dieselbe bleibt. Am schönsten, doch auch der historischen Kritik am verdächtigsten, wäre, wie es sich jeder Mit- oder Nachdenkende wünschen mag, daß der Philosoph unter der Last der Welträtsel erliegt. Hätte nur Ernst Haeckel sie nicht gelöst!

Nur Aristoteles war es – nach einer dem Historiker wohl dubiosen Überlieferung – vergönnt, den professionswidrigen Tod des Ertrinkens mit der Überlast des einen noch ungelösten Welträtsels zu verbinden. Er war kaum ein Jahr aus Athen und damit den Hilfsmitteln seiner Schule entflohen – weil auch ihm nach Alexanders Tod der Asebieprozeß drohte und er die Athener davor bewahren zu wollen vorgab, sich ein weiteres Mal an der Philosophie schuldig zu machen –, als ihn 322 in Chalkis auf der Insel Euboea das Ende ereilte. Die Entfernung war groß genug; so ließ sich zum Todesfall einiges des Mannes Würdiges erdenken, das spätere Zeiten in »Zedlers Universal-Lexicon«[40] nachlesen konnten.

Auch Lichtenberg kannte die Todeslegende und erinnerte sich ihrer, als er 1773 in Stade dem Vermessungsauftrag des königlichen Ministeriums in und aus Hannover nachging. Er wohnte in einem Haus am Ufer der Schwinge, in deren engem Bett sich der Gezeitenwechsel besonders drastisch darstellte, *ohnstreitig ein reitzender Anblick für einen Mittelländer*, es so nahe unter dem Fenster zu haben. *Wenn Aristoteles*, schreibt Lichtenberg an Joel Paul Kaltenhofer am 14. Juni, *der sich doch, weil er dieses Phänomen nicht erklären konte, ersäuft haben soll, da gewohnt hätte, wo ich jezt sitze und schreibe, so hätte er seine Absicht, das Ersäufen meine ich, grade aus dem Fenster erreichen können.*[41]

Es ist eine Apostrophe der heiteren Aufgeklärtheit. Lichtenberg gibt zu verstehen, wie sich die Lage eines Philosophen seither und dadurch geändert hat, daß ihm der Zu- und Abfluß des Wassers kein Welträtsel mehr ist. Hätte sich der

40 Zedlers Universal-Lexicon, Band II. Leipzig 1732, 1478 ff.

41 Georg Christoph Lichtenberg, Briefe, Band I. München 1983, 295.

Göttinger Astronom aus diesem Fenster in die aufgelaufene Flut gestürzt, hätte man daheim in Göttingen eine andere Legende gefunden, der Zeit gemäßer: etwa wenn man den Brief vom nächsten Tag an Marie Tietermann mit der Anrede *Dear Molly* auf seinem Tisch gelesen hätte.

Nun haben die Aufklärer zur Selbstbestärkung immer und gern die Unaufgeklärten unterschätzt. Aristoteles hatte es mit einem Phänomen von anderer Wildartigkeit als dem Vollaufen der Schwinge vom Stau der Unterelbe her zu tun: mit dem Euripos, der engsten Stelle des Golfs von Euboea, wo die Insel nur etwa 35 Meter vom Festland getrennt ist. Was da der Stagirite ›unter dem Fenster‹ hatte, war eine Wechselströmung von vielfach komplizierterer Periodik als die Gezeiten, bis zu sechzehnmal am Tag umschlagend und bei bestimmten Hochflutlagen ängstigende Geschwindigkeiten und Wirbel erreichend. Das technische Problem der Überbrückung dieses tückischen Sundes ist erst in der zweiten Hälfte dieses Jahrhunderts mit einer elastischen Konstruktion gelöst worden. Aristoteles jedenfalls hatte die Komplexion der Gezeiten mit dem Druckausgleich zwischen den durch die Insel getrennten Teilen des Golfs von Euboea nicht auflösen können. Er hätte sich, hätte er es getan, mit vollem Philosophenrecht in das letzte seiner Welträtsel gestürzt.

In Athen hatte im Lykeion schon Theophrast seine Nachfolge angetreten – hätte er den etwa fragen sollen? Die Legende ließ ihn das Rätsel ganz nach dem Erkenntnisrezept lösen, dem er doch nur die äußerste Abstraktion gegeben hatte, als er von der Seele sagte, sie erkenne dadurch, daß sie in gewisser Weise alles schon *sei*. In den Strudeln versinkend, mochte des Aristoteles Seele, einswerdend mit ihrem Gegenstand, zuletzt gerade noch begreifen, was es mit dem Euripos auf sich hatte.

Nur werden um solchen Preis die großen Rätsel nicht gelöst,

um davon den Scholiarchen und Epigonen Mitteilung zu machen. Es ist korrekt, daß Erkennen und Verstummen in-eins fallen.

Editorische Notiz

Im Nachlaß von Hans Blumenberg (1920-1996) befindet sich eine Mappe mit dem Titel *Die Verführbarkeit des Philosophen*. Sie enthält Manuskripte, die lediglich ansatzweise eine inhaltliche Gruppierung erkennen lassen. Deshalb haben die Herausgeber dieses Buches einzelne Texte den vom Autor vorgegebenen thematischen Schwerpunkten zugeordnet.

Eigenwilligkeiten, auch solche der Zeichensetzung, wurden ebenso belassen wie Inkonsistenzen beim Nachweis von Zitaten. Lediglich offensichtliche Fehler wurden stillschweigend korrigiert.

Der Inhalt der Mappe:

Ein Blatt mit einer Überschriftenauflistung

Eine Karteikarte mit dem Motto
Eine Karteikarte: *Der Physiker und Philosoph Professor Moorsom...*
Eine Karteikarte: *Heidegger – Einfluß auf Theologie*
Eine Karteikarte: *Das Postulat des Haltmachenkönnens*

Gleichgültig wann?
Der Parteibeitrag
Die Versuchung zum Schlußmythos
Wenn die Exempla eines Philosophen...

Ein Blatt: *Zitiermoral / Der Erfinder des Zitierverbots: Carl Schmitt / Hugo Friedrich / Rechtmäßiges Zitieren Zitier-*

recht / keine Autorität / Unüberbietbarkeit der Formel / Identität von Formel und Erkenntnis / gibt es wie in der mathematischen Wissenschaft / Weiterdenken des Gedachten / legitimiert / Das Mitführen des Erbes (memoria)

Selbsterfahrung
Beschränktheit oder Beschränkung?

Ein Blatt: *Der Tod als Verführer zum letzten Wort / Der Tod als Verführer zur letzten Szene*

Ein Blatt mit der Überschrift: *»Ich bin nicht da«* (Überschrift ohne Text; das Manuskript trägt den Titel: *»Ich bin nicht da« – Motto der Postmoderne?*)

Ein Blatt mit drei Überschriften: *Die immer wiederkehrende Versuchung der Philosophie, die Welt aus dem Begriff zu machen* (Überschrift ohne Text; das Manuskript trägt den Titel: *Die großen Schritte der Philosophie*) – *Ist die Verführbarkeit des Philosophen die zur Logokratie?* (Überschrift ohne Text; das Manuskript trägt den Titel: *Logokratie*) – *Das Unbezahlbare*

Ein Blatt mit vier Überschriften: *»Wahr ist, was gefällt« Zur Gefälligkeitsgefährdung der Akzeptanz von Theorien/Gefälligkeiten. Über einen riskanten Aspekt des Umgangs mit Theorien.* (Überschrift ohne Text; das Manuskript trägt den Titel: *Gefälligkeitsphilosophie*) – *Schnitzlers Philosoph – »Unverführbarkeit«. Eine Qualität – Anschaulichkeit als Verführungsmittel: Die Apfelgeschichte – Die Verführung zur Geldverachtung* (Überschrift ohne Text; das Manuskript trägt den Titel: *Wittgensteins Münzgleichnis*)

Ein Blatt mit zwei Überschriften: *Wie man Zyniker wird; oder: die Umkehrung des Lachens* (Überschrift ohne Text; bereits veröffentlicht unter dem Titel: *Die Umkehrung des Lachens – Wie man Zyniker wird* in: Die Vollzähligkeit der

Sterne. Frankfurt 1997, 448-50) – *Die Lust, der Letzte gewesen zu sein, wenn es nicht mehr möglich ist, der Erste zu sein*

Ein mögliches Selbstverständnis (Überschrift mit dem Motto ohne Text)
Warum reißen wir das Holstentor in Lübeck nicht ab...
Erster Eindruck
Ein noch zu schreibender Brief
»Dies ist in Wirklichkeit nur jenes«
Wie Hegel vom Schnupfer zum Trinker wurde
Normalrock nach Gustav Jäger
Das jeweils Vergessene
Ein Instinkt der Uneigentlichkeit
Der Schmied im Sitzen und andere Denkerposen
Falsche Sorglosigkeit
Ein Bienenstich
Heideggers Mönch

Ein Blatt mit zwei Überschriften: *Die imaginäre Annäherung an eine endgültige Wahrheit – Schnitzlers Philosoph*

Criterium veritatis (bereits veröffentlicht in: Begriffe in Geschichten. Frankfurt 1998, 26-28)
Die Namen der Totenrichter (bereits veröffentlicht in: Die Vollzähligkeit der Sterne, 127-29)

Ein Blatt mit den Überschriften der Einzeltexte von *Freud-Facetten.* Darunter: *dazu: Nicht nur Kopernikus, auch Newton der Seele* (bereits veröffentlicht unter dem Titel: *War Freud nicht nur der Kopernikus, sondern auch der Newton der Seele?* In: Die Vollzähligkeit der Sterne, 72-73) – *Steigerung des Vatermordrisikos*

Freud-Facetten
Verlesung bei Montaigne

Schnitzler träumt im voraus
Das Hufeisen
Welträtsellösungen

Alle in dieser Aufstellung nicht vorkommenden Texte werden als Überschriften auf dem ersten Blatt des Konvoluts genannt und stammen aus anderen Teilen des Nachlasses. Zu einigen Überschriften fehlen die Texte.

Folgende Texte sind zuerst in Zeitungen erschienen:

Ein mögliches Selbstverständnis – Neue Zürcher Zeitung vom 4. 2. 1983

Schnitzlers Philosoph – Neue Zürcher Zeitung vom 15. 5. 1987

Ein MacGuffin – Frankfurter Allgemeine Zeitung vom 27. 5. 1987 unter dem Titel: *Das Sein – ein MacGuffin*

Gleichgültig wann? – Frankfurter Allgemeine Zeitung vom 30. 12. 1987

Der Parteibeitrag – Neue Zürcher Zeitung vom 11. 2. 1988

»Dies ist in Wirklichkeit nur jenes« – Neue Zürcher Zeitung vom 17. 7. 1988

Freud-Facetten – Neue Zürcher Zeitung vom 24. 9. 1989

Die imaginäre Annäherung an eine endgültige Wahrheit – Wittgensteins Kriegstagebücher 1914-16 – Frankfurter Allgemeine Zeitung vom 25. 4. 1990 unter dem Titel: *Doppelte Buchführung. Synopse der Kriegstagebücher Wittgensteins 1914-16*

Verlesung bei Montaigne – Neue Zürcher Zeitung vom 22. 6. 1990 unter dem Titel: *Verlesungen. Zwei Glossen zu Montaignes Antike.*